Reinhard Horn und Ulrich Walter

Advent und Weihnachten mit dem Friedenskreuz

Neue Lieder, Geschichten, Rituale
und kreative Ideen zur Gestaltung in Kindergarten,
Grundschule, Familie und Kirchengemeinde

Titelaufnahme der Deutschen Bibliothek

Advent und Weihnachten mit dem Friedenskreuz
Reinhard Horn / Ulrich Walter

1. Auflage, Lippstadt 2008

Telefon: 0 29 41 / 1 45 13, Telefax: 0 29 41 / 1 46 54
info@kontakte-musikverlag.de / www.kontakte-musikverlag.de
Buch: 978-3-89617-219-8
CD: ISBN 978-3-89617-220-4
Legekreuz: ISBN 978-3-89617-179-5

Telefon: 07 11 / 9 90 78-0, Telefax: 07 11 / 9 90 78-25
vertrieb@junge-gemeinde.de / www.junge-gemeinde.de
Buch: ISBN 978-3-7797-0615-1
CD: ISBN 978-3-7797-0616-8
Legekreuz: ISBN 978-3-7797-0533-8

Friedenskreuz-Entwurf: Ulrich Walter, Schwerte
Grafik-Design, Layout und Illustration: Margret Bernard, Hamburg
Druck: Westermann Druck Zwickau GmbH, Zwickau

Alle Zusatzmaterialien, die in diesem Buch verwendet werden, sind in beiden Verlagen erhältlich.

Dieses Buch wurde in Deutschland hergestellt.

Alle Bilder der Geschichten „Ehre sei Gott …" (S. 39) und „Das Geheimnis der drei Kronen" (S. 60) sowie die Kopiervorlagen (S. 37, 38, 56 und 92–95) befinden sich als PDF-Dateien im DIN-A4-Format auf der CD.

Inhalt

Vorwort

Plätzchenduft und Kerzenschein,
in jedem Jahr freuen wir uns von Neuem auf die Adventszeit.
In der Dunkelheit der Dezembertage bringen wir den Adventskranz mit
seinen Kerzen nach und nach zum Leuchten, und in den Augen der Kinder
entdecken wir die gespannte Erwartung auf das Kind von Bethlehem.
Teilen wir mit ihnen die Hoffnungen auf den König des Friedens, mit neuen
Erzählungen und Liedern zu der alten und immer noch so aktuellen Botschaft.

Die bewährten sieben Symbole des Legekreuzes: Krone, Stern, Haus, Taube,
Brot, Kelch und Wellen begleiten uns dabei wieder auf diesem spannenden Weg.
An Hand vieler biblischer Geschichten wird gezeigt, wie mit den Elementen des
Friedenskreuzes die Advents- und Weihnachtszeit für die Kinder zu einem
eindrücklichen Erlebnis werden kann.

Und so laden wir ein, dieser geheimnisvollen, Kinder und Erwachsene
anrührenden Zeit und ihrer froh machenden Botschaft
mit allen Sinnen nachzuspüren.

Lippstadt / Villigst im August 2008

Einstimmung

Advent

**Gott kommt
uns entgegen**

**wir können
mit Zuversicht
nach vorn schauen**

„Der Friedenskönig kommt nun bald!"

In der Advents- und Weihnachtszeit wird auch heute noch die Sehnsucht der kleinen und großen Menschenkinder wach. Es ist die Sehnsucht nach Frieden, Erfüllung, Geborgenheit und die Hoffnung auf einen Platz in dieser Welt, an dem sie gebraucht werden.

Und dabei helfen uns die alten Geschichten von der Sehnsucht des Volkes Gottes, die „alten" Hoffnungen der „kleinen Leute" in den Worten der Propheten, die vom Friedenskönig, dem Heiland und Messias erzählen. Und wir hören die Geschichten der Hoffnung auf den Friedenskönig Jesus.
Die Brücke zwischen diesen „Welten" bilden die Symbole des Friedenskreuzes.

*Kopiervorlage S. 92 und als PDF-Datei auf der CD zum Ausdrucken.
Bezugsmöglichkeiten für Friedenskreuz, Strahlenleuchter und Zubehör auf S. 91.*

Und so werden auch in diesem Buch zu Advent und Weihnachten alle sieben Elemente ins Spiel gebracht.

BROT, WASSER UND WEIN (KRUG)
Der Friedenskönig bringt den Menschen, was sie zum Leben brauchen und damit Lebensfreude. Bethlehem, der Name dieser Stadt ist Programm: er kann mit „Haus des Brotes" übersetzt werden.

STERN UND KRONE
sind Zeichen seines Kommens und seiner Würde: Friede wird sein.

HAUS UND TAUBE
zeigen, wie der Friedenskönig sich auf den Weg zu uns Menschen macht.

Damit wird deutlich, dass das Friedenskreuz von Anfang an das Zeichen seiner Herrschaft ist. Auf dieser Grundlage finden Sie in diesem Buch und auf der dazu gehörigen CD viele neue Lieder und Geschichten der „alten" Erzählung vom Kommen des Gottessohnes in unsere Welt.

Die adventlichen Zeichen, die im Friedenskreuz enthalten sind, werden in diesen Wochen mit einem Adventslied und einer wachsenden Mittengestaltung zum Adventskranz entfaltet, die die einzelnen Aspekte des Wartens schon andeuten. Jede Adventswoche bekommt damit ein eigenes Gewicht und einen eigenen Schwerpunkt. Dabei sind die folgenden Kapitel jeweils parallel aufgebaut. Am Anfang findet sich ein verbindendes Element, das Sie mit den Kindern durch den Advent geleitet. Im Anschluss folgen jeweils praktische Ideen, Geschichten, Bodenbilder und Lieder.

So wird die Zeit des Advents gegliedert, und die Kinder freuen sich an jedem Sonntag neu, dass das Christfest näher rückt. Sie sind gespannt auf Weihnachten, schreiben Wunschzettel und können es kaum erwarten. Hier kann an Johann Hinrich Wichern und seinen ersten Adventskranz im Rauhen Haus von Hamburg erinnert werden. Mit diesem Brauch verbinden wir die alte Hoffnung auf den Friedenskönig mit der Vorfreude der Kinder. In der Dunkelheit wird das Licht der Hoffnung entzündet, das mit jedem Sonntag anwächst.

Die unterschiedlichen Überlieferungen der Evangelien zur Geburt Jesu werden nach und nach entfaltet. Bei Lukas sind es die Hirten, die die Nachricht von der Geburt des Retters der Welt zuerst hören. Bei Matthäus ist es der Stern, der Sterndeuter – oder waren es gar Könige? – auf den Weg zum König des Friedens bringt. Beiden Evangelien gemeinsam ist die Aufnahme der Tradition: Der Friedenskönig Gottes, der Messias, wird in Bethlehem geboren. Von Anfang an ist seine Geburt Zeichen für eine neue Herrschaft des Friedens. Die Tage von Augustus, dem selbst ernannten „Heiland der Welt“, und auch von Herodes, dem unrechtmäßigen König in Jerusalem, sind gezählt. In Bethlehem, dem „Haus des Brotes“, beginnt die neue Zeit.

So wächst das weihnachtliche Brauchtum mit jeder Woche des Advents.

Die Krippe, deren Darstellung schon früh begonnen hat, wird in einer für das Erzähltheater illustrierten Geschichte und einem Anspiel mit der Tradition der Könige aus dem Osten verbunden.

Zum Abschluss kann Weihnachten am Beginn des neuen Jahres nachklingen. Und mit dem Nachklingen deutet sich schon die weitere Geschichte von Jesus, dem Friedenskönig an, die ihn nach Jerusalem führt: Durch sein Leiden und Sterben hindurch erweist sich seine Macht, denn er wird als der Lebendige bezeugt:

Der Friedenskönig lebt, und schenkt uns Hoffnung auf ein gelingendes Leben unter dem Segen Gottes. Doch …

… bevor es richtig losgeht …
Ein Adventshaus falten

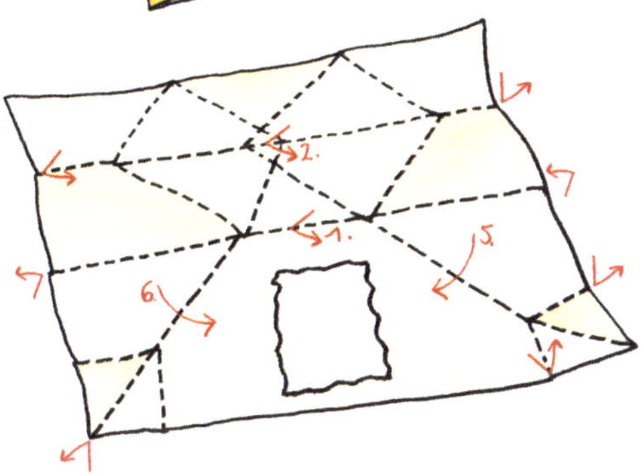

Es ist gut, am Anfang der Adventszeit inne zu halten.
Nehmen Sie sich einen Moment Zeit und erstellen Sie sich dazu Ihr eigenes Adventshaus, das Sie durch den Advent begleitet. *(Kopiervorlage siehe S. 93/94 und als PDF-Datei auf der CD)*

Falten Sie alle Falze nach innen und außen, das hilft später beim Einfalten der Seitenwände.
Zuerst wird das Blatt quer in der Mitte gefaltet, dann wird die obere Hälfte, das spätere Dach, noch einmal zur Mitte gefaltet.
Nun wird das Blatt mit der Rückseite nach oben gelegt und die obere Hälfte einmal zur Hälfte gefaltet.

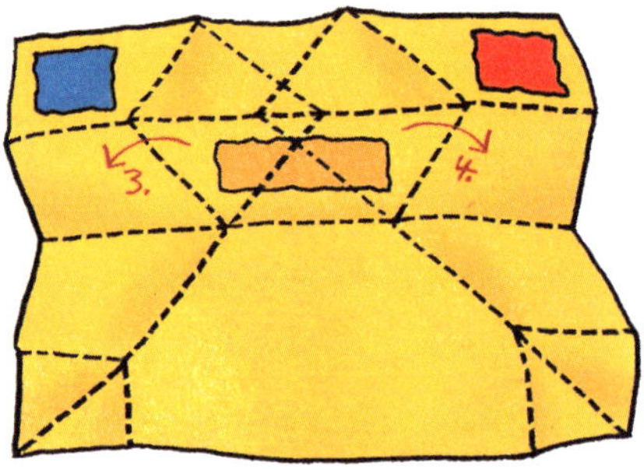

Als Nächstes werden beide Seiten diagonal gefaltet, dabei bildet sich oben ein kleines Winkelkreuz.
Wenn Sie nun die beiden äußeren Seiten des Blattes bis zum Diagonalfalz nach innen klappen und mit den Daumen die entstehende Falte nach außen drücken, schließt sich das Dach und gibt den Blick auf die Aufschrift: „Siehe, dein König …" im orangefarbenen Feld frei. Wenn Sie nun die Außenkanten andrücken, ist Ihr Adventshaus fertig. Im Eingang ist Platz für eine Illustration. (Dazu finden Sie auf der CD ein Bild zum Ausdrucken.)

Vielleicht möchten Sie sich, oder auch die Eltern auf einem Elternabend mit diesem „Adventshaus" und mit einer Geschichte (z. B. der folgenden) oder dem Lied „Plätzchenduft und Kerzenschein" (S. 12) einstimmen.

Auf dem Weihnachtsmarkt

Wie soll ich dich empfangen …

Alte, bekannte Klänge eines Adventchorals dringen an mein Ohr. Kaum hörbar sind sie in dem Gedränge und Gelärme um mich herum, und ich weiß gar nicht, wer sie außer mir hört.

Ja doch, das Kind an meiner Hand zieht und fragt: „Woher kommt die Musik?"

Ich nehme meine kleine Tochter auf den Arm. Gemeinsam schauen wir uns um. Weit oben auf dem Kirchturm entdecken wir einen Posaunenchor auf dem Rundgang vor den Glocken. Von hier unten sehen wir nur die Instrumente; in ihrem blank geputzten Messing spiegeln sich die Lichterketten des Weihnachtsmarktes. Und ihre Musik erinnert an eine andere Wirklichkeit …

„Papa, wo ist das Karussell?" Meine Tochter holt mich zurück in das Gedränge und Geschiebe um mich herum. Solange schon hatte ich es ihr versprochen: „Du und ich, wir gehen auf den Weihnachtsmarkt. Wir fahren Karussell, essen gebrannte Mandeln und schauen nach den vielen Lichtern und Buden."

Nun hatte sie es endlich geschafft. Wir lassen uns von der Menge treiben, schauen mal hier, schauen mal dort, und natürlich erstehen wir eine Tüte frisch gebrannter Mandeln. An einem alten Karussell machen wir Halt. Runde um Runde fährt meine Tochter. Stolz sitzt sie auf einem großen Schaukelpferd und schaut auf das bunte Treiben.

Und ich kann den Gedanken nicht wegschieben: Was kann besser die betriebsame Vorweihnachtszeit verdeutlichen als ein Karussell? Runde für Runde dreht es sich, ohne sich doch von der Stelle zu bewegen.

Ich schaue mir die Passanten an, wie sie rennen, hetzen, schubsen. Vollbeladen, in dicke Mäntel gehüllt und die Schultern hochgezogen, so gehen sie ihrer Wege mit dem vollen Einkaufszettel vor dem inneren Auge, keiner nimmt den anderen wahr. Und bin ich nicht selbst ein Teil dieser Menge? So freue ich mich, als meine Tochter mir vom Schaukelpferd in die Arme springt und auf meiner Schulter Platz nimmt.

„Du, Papa, da war ein Baby, das war schon ganz, ganz alt." – „Wirklich?", frage ich, „Aber dann war es kein Baby. Vielleicht war es einfach noch sehr jung. Du warst auch erst ganz schrumpelig, als du geboren warst."

„Aber Papa, doch nicht so! Ich meine, so alt, wie der da!" Sie zeigt verstohlen auf einen alten Mann, der inmitten seiner ganzen Habe in Plastiktüten auf dem Heizschacht vor der Kaufhaustür sitzt und bettelt. „So wie der sah das Baby aus, komm ich zeig es dir!" – „Wo hast du das Kind gesehen?" – „Da, wo wir die Musik vom Turm gehört haben!"

Mühsam bahnen wir uns einen Weg zurück durch die Budengassen. Meine Tochter dirigiert mich von der Schulter aus in Richtung Kirchturm.

„Halt, Papa, schau dort!", flüstert sie mir ins Ohr. Mit ihren Händen dreht sie vorsichtig meinen Kopf und lenkt meinen Blick in einen dunklen Winkel neben der Kirche.

Ein ärmlich gekleidetes Pärchen hat dort Schutz und Ruhe gesucht. Im offenen Mantel trägt die Frau ein Neugeborenes. Es schaut mit tiefen, dunklen Augen, und unsere Blicke treffen sich.

Ich stehe lange da, fast ist es mir unangenehm. Aber ich kann meinen Blick nicht von seinem Gesicht wenden. Wie hatte meine Tochter gesagt? „Da ist ein Baby, das ganz, ganz alt aussieht." Sie hatte Augen für diesen Blick, aus dem soviel Leid und Freude zugleich spricht. Und tatsächlich – dieses Gesicht spiegelt so viel von den Gesichtern der Menschen wider, die am Rand des Marktes in den Kaufhauseingängen Schutz gesucht haben und hier um ein paar Groschen betteln. Ich war an ihnen vorbeigegangen, ihr Blick hatte mich aber wohl dennoch erreicht.

Und vom Turm höre ich die Posaunen.

Ich steh an deiner Krippen hier …

CD 01

Plätzchenduft und Kerzenschein

Text: Ulrich Walter – Musik: Reinhard Horn

Der Friedenskönig kommt nun bald

Praktische Ideen, Geschichten und Bodenbilder

„Advent, Advent, geheimnisvolle Zeit“

Eine gestaltete Mitte zum Lied

Mit einem Lied erschließen die ersten vier Kapitel die verschiedenen Seiten des Wartens auf den Friedenskönig. Dazu entsteht am Anfang des Advents eine gestaltete Mitte, die in jeder Woche weiter wächst.

Die Mitte wird auf einem dunklen Tuch durch einen Adventskranz gestaltet. In seinem Zentrum steht eine Kerze, die von Strahlenleuchtern umgeben ist und so einen Stern symbolisiert.
Auf jeder Seite steht eine Kerze für die vier Wochen des Advents.

In der ersten Woche wird ein rotes Dreieck angelegt, die erste Kerze wird auf die Außenspitze des Tuches gestellt. Dazu wird zur ersten Strophe des Liedes die Krone aus dem Friedenskreuz gelegt. Mit dieser Einstimmung auf den Friedenskönig beginnt die Adventszeit, dazu kann die folgende Einstimmung gelesen werden.

1. Advent

Einstimmung

„Siehe, dein König kommt zu dir, ein Gerechter und ein Helfer!“ *(Sacharja 9,9)*

Die erste Kerze auf dem Adventskranz zeigt uns:

Nun ist es bald soweit, heute beginnt die schöne Zeit des Wartens.

Wir warten auf den Friedenskönig, Gott hat ihn uns versprochen.

Wir warten auf einen König – er ist ganz anders, als so mancher denkt.
Ihr werdet staunen!

Ein König für die kleinen Leute – damals und auch heute.

Wir sind gespannt und hoffen,
dass dieser König auch Augen und Ohren für die kleinen Leute hat.

David und der Königsstern
– erzählt mit Strahlenleuchtern

Wie war das eigentlich, als der Friedenskönig geboren wurde? Das kleine Judäa war römische Provinz. Der Kaiser Augustus und seine Soldaten hatten hier das Sagen. Was sie sagten, war Befehl, und die Menschen hatten unter ihrer Herrschaft zu leiden. Damals lebte in Bethlehem der kleine David. Er war ein Hirtenjunge. Sein Vorbild war der große König David, der dort als Junge die Schafe seines Vaters gehütet hatte.

David begleitete Joscha, seinen Onkel, mit seiner großen Herde. Joscha konnte einen gelehrigen Jungen wie David gut gebrauchen. Draußen auf der Hochebene vor der Stadt musste er weite Wege mit der Herde ziehen, um auf dem steinigen Boden genügend Futter für die Schafe zu finden. Immer gab es etwas zu tun: Neugeborene Schafe mussten getragen werden, verirrte Schafe mussten gesucht werden, oder kleine Verletzungen warteten auf Behandlung. Die Nächte waren kalt und gefährlich. Wilde Tiere lauerten auf Beute. Und nicht nur einmal bekamen sie Besuch von umherziehenden Räubern auf der Suche nach einem fetten Braten. An jedem Abend musste darum ein sicheres Nachtlager gefunden werden. Joscha kannte sich in dieser Gegend gut aus, und so gelangten sie auch an diesem Abend zu einem versteckten Felsvorsprung. Mit Felssteinen hatte er ihn schon vor Jahren zu einem Unterschlupf für die Herde ausgebaut. Joscha stand vor dem engen Eingang und zählte eigenhändig jedes Schaf, das David ihm zutrieb. Der staunte jedes Mal: Joscha kannte wirklich jedes seiner Schafe! Er streichelte sie und schaute nach Verletzungen. Kein Schaf fehlte an diesem Abend.

David machte unterdessen ein Feuer und sorgte für das Essen. David freute sich auf die Abende am Feuer. Endlich kehrte Ruhe ein und er konnte die müden Beine ausstrecken. Das Feuer half gegen die Kälte, die langsam aus dem Boden aufstieg.

Er setzte sich ganz dicht zu Joscha, und gemeinsam schauten sie in den Sternenhimmel.

„Ja, die Sterne, ich habe schon früher gern in den Himmel geschaut. Und dann habe ich immer nach dem Licht gesucht, von dem mein Großvater erzählt hat. Ein Licht, das allen Menschen, die Leid tragen, und allen Menschen, die in Not leben, ein neues Leben schenkt.

Das Volk, das im Finstern wandelt, sieht ein großes Licht, und unter denen, die da wohnen im dunklen Land scheint es hell. Dann wird der Friedenskönig geboren. Gott wird ihn schicken."

Nun war David eingeschlafen, und er träumte von einem Licht, das sich über den ganzen Himmel ausbreitete.

Am nächsten Morgen sah er von weitem einen Mann kommen. Es war sein Vater, der ihn hier draußen besuchen wollte. David freute sich und lief ihm entgegen. „Schalom, Vater!"

Aber sein Vater war schlecht gelaunt. „Schalom, ihr Lieben, der Schalom ist mir vergangen, von wegen Frieden! Diese römischen Soldaten, diese Zöllner, diese Wegelagerer!" Er schimpfte laut und griff in die Tasche: „Schaut her, sie ist leer! Alles, was ich diese Woche verdient habe, haben sie mir abgenommen, als ich die Herde aus der Stadt aufs Feld geführt habe. Wird Zeit, dass etwas passiert! Ein gerechter Frieden muss her, damit auch die kleinen Leute wie wir wieder in Frieden leben können!"

Gemeinsam zogen sie mit Joschas Herde los.

In der Mittagshitze legte sich David in den Schatten, um ein wenig auszuruhen. Und als er so vor sich hindöste, da kam ihm ein Traum.

Er sah ein Sternen-Schwert, aus hellem Licht und voller Kraft, und es zerteilte die Dunkelheit wie einen Vorhang. Und da kamen die Menschen zum Vorschein, die arm waren und denen zu Unrecht ihr weniges Geld abgenommen worden war, das sie verdienten. Und ihre Gesichter waren froh, als wären sie von einer großen Last befreit.

Weiter ging der Traum nicht, denn die Sonne weckte ihn auf; er schreckte hoch.

An diesem Tag konnte er es kaum abwarten, bis er abends mit Joscha am Feuer saß.

„Du hast vom Friedenskönig erzählt. Was weißt du von ihm?" – „Der Friedenskönig, das ist der, den Gott aussucht. Der ist nicht wie die anderen Könige. Er ist, ja, er ist wie ein guter Hirte, der für seine Herde sorgt. Stark wird er sein und doch lieb zu den Menschen, gerecht wird er sein, zu allen, besonders zu den kleinen Leuten."

Ein König wie ein Hirte? Das hatte David gefallen: Ein guter Hirte Gottes, der für die Menschen sorgt. Mutig und fürsorglich, so wie Joscha. Der hatte mehr als einmal den Schafdieben in die Augen geschaut. Und an der Schulter hatte er eine tiefe Narbe. Das waren die Bisse der Wölfe. Mit denen hatte er sich angelegt, als sie die Herde überfielen. Aber er hatte sie alle in die Flucht gejagt. Damals wäre er verblutet, wenn man ihn nicht am nächsten Morgen gefunden hätte. Mit letzter Kraft hatte er sich in den Eingang der Höhle geschleppt. Keinem Schaf war ein Haar gekrümmt! So ist er bis heute. Da kann das schlimmste Gewitter kommen, wenn Joscha mit den Schafen spricht, werden sie ruhig. Sie kennen seine Stimme und vertrauen ihm.

„Wann wird das sein, Joscha?“ – „In unserem Volk gibt es ein Zeichen, auf das wir warten: Ein Stern wird aufgehen, und sein Glanz wird die Nacht hell machen!“

Das konnte sich David gut vorstellen. Und er schaute noch lange in den Nachthimmel, ob er ihn entdecken könnte. Und dann schlief er ein.

Auch in dieser Nacht hatte David einen schönen Traum: Ein Stern ging auf am Himmel, heller als alle anderen, und sein Licht sprühte goldene Funken über den ganzen Himmel, und der ganze Himmel leuchtete, und es war hell und warm.

Am nächsten Abend saß David am Feuer und schnitzte einen Hirtenstab, den er sich am Tag ausgesucht hatte. Viele Sterne schnitzte er in die Rinde. Den Stab würde der neue König brauchen. Das sollte sein Geschenk sein für den Friedenskönig.

Und als er fertig war, legte er ihn neben sein Fell und rollte sich in die warme Decke ein. Und er war sich ganz sicher: Nun ist es bald soweit! Bald wird der Friedenskönig geboren!

Und in dieser Nacht sollte über den Feldern vor Bethlehem ein Stern aufgehen, groß und hell wie nie, und die ganze Nacht war erleuchtet.

Mit den Strahlenleuchtern lassen sich die verschiedenen Licht-Erscheinungen zur Geschichte darstellen. Darüber hinaus eignen sie sich, während des Kirchenjahres weiter verwendet zu werden. So können sie z.B. auch zur Gestaltung einer Ostersonne in der Osternacht dienen.

Dem Weihnachtsgeheimnis auf der Spur
– erzählt mit Bodenbild

Bis heute ist geheimnisvoll, was an Weihnachten in Bethlehem geschah. Ich lade euch ein, macht euch mit mir auf den Weg.

Wir singen die erste Strophe des Liedes: **Advent, Advent, geheimnisvolle Zeit** *(S. 22)*

Ein grünes Tuch wird in die Mitte gelegt, darüber ein braunes, so dass das grüne Tuch abgedeckt ist. Dazu werden die Elemente des Friedenskreuzes bereitgelegt.

Kommt mit in das Land des Erzählens! In diesem Land gibt es viele saftige Wiesen. Schafherden ziehen Jahr für Jahr über das Land und weiden. Im Sommer wogt das reife Korn auf den Äckern, und wenn die Zeit der Ernte da ist, helfen viele Menschen, die Ähren zu schneiden und das Korn zu dreschen. Für alle ist genug da, so hat es Gott der Schöpfer eingerichtet. Für alle ist genug da!

Über eine Seite wird diagonal das grüne Tuch aufgedeckt, darauf werden auf den oberen Teil des grünen Tuches das Brot und der Krug gelegt.

Und doch, viele Menschen sind noch arm. Sie warten auf Frieden für sich und ihre Familie. Und sie fragen: wann wird es endlich Frieden geben, wann …
In ihren Herzen sind Bilder lebendig, sie halten ihre Hoffnung wach.
Gott wird zu uns kommen, zu den kleinen Leuten in unserem Land. Er hat es versprochen …

Über den grünen Teil wird aus blauem Tuch ein Fluss gebreitet. Darauf werden die Wellen gelegt. Auf eine Seite des grünen Tuches wird das Haus mit der Taube dazugelegt.

Und wenn es dunkel ist im Winter, und wenn Finsternis und Kälte in ihnen aufsteigen, dann erinnern sie sich, dass Gott es ihnen versprochen hat:
Der Friedenskönig wird kommen, und er wird alle Dunkelheit vertreiben, wie ein helles warmes Licht. Er zeigt euch gute Wege, und euer Herz wird warm von seinen Worten, wenn ihr sie hört. Und dann werdet ihr spüren: Gott hat euch lieb, und darum ist er euch ganz nah.
Gott ist euch ganz nah!

In die Mitte des oberen, braunen Dreiecks wird die Krone gelegt, dazu werden drei kleine Kerzen auf den drei Winkeln des braunen Tuches angezündet.

Einige von ihnen haben nach Zeichen am Himmel gesucht. Sie haben einen großen Stern entdeckt. Das erinnert sie an Gottes Versprechen: Ein Stern wird aufgehen aus meinem Volk, und sein Glanz wird die ganze Welt erhellen, die ganze Welt …
Fürchte dich nicht, hab keine Angst, du kleines Bethlehem, du bist ausgewählt, bald wird er kommen, der König des Friedens.
So ist es vor langer Zeit geschehen, und so ist es in jedem Jahr neu:
Viele, viele Menschen auf der Welt warten auf die Ankunft des Friedenskönigs.

In die Mitte wird der Stern gelegt, die drei Kerzen von den Rändern werden dazu gestellt.

Lied:
***Advent, Advent, ein König kommt**, Vers 1*
(S. 20)

Die Kinder werden eingeladen zu malen, wie sie sich den Frieden vorstellen, der zur Weihnacht zu uns kommen soll.

Und zum Abschluss legen die Kinder ihre Bilder um das Bodenbild.

*Lied: **Advent, Advent, ein König kommt**, alle Verse*

CD 02

Advent, Advent, ein König kommt

Text: Ulrich Walter – Musik: Reinhard Horn

A/D D G A7 D
hem ist lang, wir ma - chen uns be - reit,
G A7 D/F# Hm7
1. den Ruf der En - gel zu hö - ren, den
2. die Hoff - nung wei - ter zu tra - gen, auf
3. das Brot des Le - bens zu tei - len mit
Em7 A
1. Schein des Sterns zu sehn,
2. Frie - den in der Welt, 1.-3. denn
3. al - len, die in Not,
G A D/F# Hm7
mit dem Kind von Beth - le - hem be -
Em7 A7sus G A
ginnt die neu - e Zeit. Der Frie - dens - kö - nig
D Hm7 Em7 A7 D
trägt sein Licht in uns - re Dun - kel - heit!

CD 03

Advent, Advent, geheimnisvolle Zeit

Text: Ulrich Walter – Musik: Reinhard Horn

Der Friede kommt in jedes Haus

Aus alten Wurzeln leuchten
warme Farben in kalter Zeit.

Unverhofft bricht helles Licht
in die Dunkelheit.

Zarte Blüten
aus alten Wurzeln
spiegeln Gottes Liebe zur Welt,
die uns verwandelt und erhält.

Praktische Ideen, Geschichten und Bodenbilder

„Advent, Advent, geheimnisvolle Zeit“

Eine gestaltete Mitte zu den Versen 1 und 2

Die Mitte der ersten Adventswoche (S. 14) wird weitergestaltet.
Auf ein blaues Dreieck, das oben an das Mittelbild angelegt ist, wird die zweite Kerze aus der Mitte auf die Außenspitze des Tuches gestellt und angezündet. Dazu werden zur zweiten Strophe des Liedes (S. 22) einige Lebkuchen gelegt (Rezept siehe S. 30).
Der zweite Teil der adventlichen Einstimmung wird gelesen.

2. Advent

Einstimmung

„Uns ist ein Kind geboren, ein Sohn ist uns gegeben,
und die Herrschaft ruht auf seiner Schulter.“ *(Jesaja 9,5)*

Zwei Kerzen brennen:

Licht und Dunkel halten sich die Waage,
in diesen Tagen hoffen wir,
dass das Friedenslicht stärker ist, als die Finsternis.
Doch für viele Menschen auf der Welt ist es dunkel –
sie leiden an den Folgen von Krieg und Gewalt.
Gott selber will uns ein Zeichen geben.
Mitten im Winter blüht der alte Baumstumpf,
und seine Friedensblüte ist Gottes Zeichen.
Frieden soll sein, in unseren Häusern und auf der ganzen Erde.
Wir sind gespannt und hoffen,
dass die Liebe stärker ist als die Gewalt.
Endlich soll Frieden sein!

Wovon der Barbarazweig erzählt

Stellt euch vor, ihr geht jetzt, am Anfang des Winters in den Garten, schneidet ein paar Zweige von einem Obstbaum und stellt sie in der warmen Wohnung in eine Vase. Was meint ihr, was geschieht? Können diese Zweige blühen, mitten im Winter?

Schon vor langer Zeit haben sich die Menschen das gefragt.

Eigentlich geht es nicht, aber doch, es wächst etwas heran und blüht auf: Neues Leben, gegen alle Erfahrung.

Da steht ein abgehauener Wurzelstock über viele Jahre. Der ist abgestorben, sagen alle, die etwas davon verstehen. Und dann, ganz unerwartet, wächst ein kleiner Zweig heran, treibt Knospen und blüht auf.

Vor langer Zeit lebte Jesaja, ein Prophet, der den Menschen sagte, was Gott von ihnen will. Er hat darin ein Hoffnungszeichen gesehen. Es stand schlimm um das Volk Israel. Jerusalem war in Gefahr, mächtige Völker bedrohten das kleine Israel.

Eine Zeit voller Krieg und Hass. Kann es da neuen Frieden geben?

In dieser Zeit hat Jesaja einen Hoffnungstraum. Und den erzählt er seinem Volk. Ein Hoffnungstraum vom Frieden, mitten im Leid.

Und sein Traum beginnt mit einem abgehauenen alten Wurzelstock. Plötzlich wächst daraus ein neuer Zweig.

Damals haben die Menschen das so verstanden: Der abgehauene Wurzelstock, das war die Familie von König David. Mit seiner Herrschaft war es vorbei. Aber Gott hatte versprochen, dass aus seiner Familie der Friedenskönig kommen sollte.

Von dieser Hoffnung hat Jesaja gesprochen:

„Aus dem Stamm der Familie Davids und seines Vaters Isai wird ein Keimling aufgehen, ein kleiner Zweig wird wachsen und eine Blüte entfalten."

(nach Jesaja 11, 1–10 i. A.)

Das ist der Messias, der Friedenskönig, der von Gott kommt.

Ein König für das Recht der Armen, dass sie in Frieden und Würde leben können. Er bringt Gerechtigkeit für alle.

Liedvorschlag: ***Blütenfingerzeig*** *(S. 31)*

Die ersten Christen haben das Bild von Jesaja neu entdeckt. Jesus, das Kind der Maria, war für sie das Zeichen: Der Messias, der Friedenskönig, ist in Bethlehem geboren.

Und als Fortsetzung für ältere Kinder:

„Es ist ein Ros entsprungen aus einer Wurzel zart, wie uns die Alten sungen, von Jesse kam die Art und hat ein Blümlein bracht mitten im kalten Winter wohl zu der halben Nacht.“

In Erinnerung an die Geschichte von Jesaja entstand der Brauch, Anfang Dezember Zweige in die Vase zu stellen, damit sie in der Wärme ausschlagen und zu Weihnachten blühen.

Dieser Brauch verbindet sich oft mit der Legende der Barbara, deren Gedenktag der 4. Dezember ist.

Barbara lebte als Tochter eines reichen Kaufmannes im 4. Jahrhundert.

Das Christentum war noch in den Anfängen. Der Kaiser in Rom wollte als Gott verehrt werden. Darum wurden die Christen verfolgt, weil sie es ablehnten, jemand anderes als Jesus Christus anzubeten. Wer sich taufen ließ und zu Christus bekannte, lebte gefährlich.

Barbaras Vater war reich und jedes Mal, wenn er von einer Reise zurückkam, beschenkte er seine Tochter mit kostbarem Schmuck und den schönsten Gewändern. Doch dann erfuhr er, dass Barbara sich hatte taufen lassen und Christin geworden war. Barbara war gebildet und fragte viel nach dem Sinn ihres Lebens. Eine Sklavin ihres Vaters war Christin und hatte ihr vom Glauben an Christus erzählt. Barbara war überzeugt, ihren Lebenssinn gefunden zu haben und ließ sich taufen. Der Vater war darüber sehr erbost. Seine ganzen Pläne waren durchkreuzt. Er hatte Barbara bereits einem Sohn aus einer reichen Familie zur Frau versprochen. Eine Christin würde dieser niemals heiraten. Daher ließ der Vater Barbara in ein dunkles Turmverlies sperren. Er hoffte, dass sie so von ihrem christlichen Glauben ablassen würde. Niemand hatte Zutritt zu ihr, außer der Sklavin, die ihr das Essen brachte.

Aber auch die Zeit ihrer Gefangenschaft konnte Barbara nicht vom Glauben an Jesus Christus abbringen. Schließlich übergab der Vater seine Tochter dem Gericht. Aber auch dort bekannte sie ihren Glauben an Christus.

Sie wurde zum Tode verurteilt. In der Zeit der Gerichtsverhandlung, so erzählt die Legende, soll ihr die Sklavin einen Kirschzweig in das Gefängnis gebracht haben.

Am Tage ihres Todes stand er in voller Blüte.

So verbindet sich bis heute der Brauch, vor Weihnachten Zweige in die Vase zu stellen, auch mit der Geschichte der Barbara: Ein lebendiges Zeichen der Hoffnung auf Christus, den König, der Frieden bringt gegen alle Erfahrung.

Barbarazweige

Für einen Strauß mit Barbarazweigen werden in der Woche vor dem 2. Advent Zweige von Kirsch-, Birnen- oder Pflaumenbäumen, oder auch Forsythien geschnitten. Nach einem Tag Lagerung in einem kühlen Raum werden sie noch einmal angeschnitten und in eine Vase mit warmem Wasser gestellt. Das Wasser sollte wöchentlich erneuert werden, ebenso hat es sich bewährt, die Zweige jeweils neu anzuschneiden.

Märchen von Bethlehem

Es war einmal eine kleine Stadt, die hatte einen großen Namen.
Eine Hungersnot war über das Land gekommen. Viel zu lange hatte es nicht mehr geregnet, und die Felder waren vertrocknet. Die Bauern im Land hatten nur noch wenig Korn, aber sie wollten es nicht aussäen, weil es ihr letztes war.

Nur ein paar Bauern aus der kleinen Stadt hatten Vertrauen. Denn sie erinnerten sich: Gott hatte seinem Volk vor langer Zeit in der Wüste zu Essen gegeben. Und so sprachen sie zueinander: „Unser Gott hat uns versprochen: Ich bin für euch da! Er wird uns nicht verlassen."

Und mit dieser Hoffnung in ihren Herzen bestellten sie ihre Äcker und säten ihr letztes Korn aus.

Viele Menschen im Land aber spotteten: „Ihr werdet schon sehen!"

Bald sah es so aus, als würden sie Recht behalten. Die Vögel kamen und pickten die Körner zwischen den trockenen Erdkrumen. Und was im Morgentau ein wenig aufkeimte, das verdorrte in der Mittagshitze. Das Einzige, was da wuchs, waren Dornen und Disteln. War alles vergeblich?

Nein! Endlich, zur rechten Zeit setzte der Regen ein, und die Erde wurde feucht. Da wuchs das Korn heran, und die Bauern hatten eine reiche Ernte: 30, 60, 100fach brachten ihre Felder Frucht.

Von überall her kamen die Menschen, denn sie hatten Hunger. Und sie bekamen Korn für ihr Brot. Es reichte für alle. Die kleine Stadt und ihre Felder wurden zur Kornkammer des ganzen Landes. Auch Noomi war zurückgekehrt, und sie hatte Rut, ihre Schwiegertochter mitgebracht. Rut durfte auf den Feldern Ähren sammeln, damit sie ihr Brot backen konnten.

Viele, viele Jahre später kam die kleine Stadt noch einmal zu großer Bedeutung:

Rut hatte Boas geheiratet, und ihre Nachfahren lebten dort. Einer von ihnen sollte ein großer König werden. David, wenn dieser Name fiel, dann erinnerten sich die Menschen an die kleine Stadt, in der er geboren wurde. Denn dort wurde er als tapferer Hirtenjunge vom Feld geholt, weil er ausgesucht war, König von Israel zu werden.

Aber auch das war Jahre später fast vergessen, wenn nicht da der Prophet Micha gewesen wäre. Er hatte gute Nachrichten für die kleine Stadt. Er sagte ihnen eine große Zukunft voraus: „Und du Bethlehem, die du klein bist unter den Städten in Juda, aus dir wird einmal der kommen, der in Israel Gottes Herrschaft des Friedens aufrichten wird."

Und als die Zeit erfüllt war, kam Maria, eine junge Frau aus Nazareth, mit ihrem Verlobten in die kleine Stadt mit dem Namen Bethlehem.

Und dort wurde ihr erstes Kind geboren. Sie wickelte ihn in Windeln und legte ihn in eine Futterkrippe. Es war sonst kein Raum in der Stadt.

Jesus, diesen Namen bekam das Kind in der Krippe, und er bedeutet: „Gott hilft".

Als dieser Jesus erwachsen war, da spürten die Menschen: Wo Jesus ist, da ist unser Gott ganz nahe, unser Gott, der uns alles gibt, was wir zum Leben brauchen.

Jesus selbst hat es gesagt: Ich bin das Brot des Lebens!

Wer zu ihm kam, dessen Hunger und Durst nach Leben wurde gestillt.

Und die Leute sagten: Dieser Jesus, der in Bethlehem geboren wurde, das ist der Friedenskönig, den Gott uns schickt! Er kommt aus der Stadt, aus der der Hirtenjunge und König David kam, und er wird wie ein guter Hirte für sein Volk da sein.

Und sie erinnerten sich: In einer Futterkrippe wurde der geboren, der das Brot des Lebens für die Welt ist.

Und so verbindet sich mit dieser kleinen Stadt mit dem geheimnisvollen Namen Bethlehem eine große Bedeutung: Bethlehem, Haus des Brotes, Brothausen.

Und vielleicht gibt es ja deshalb in der Zeit des Wartens auf den Friedenskönig ein besonderes Brot, das wir im Advent backen. Manchmal bauen wir aus diesem besonderen Brot sogar kleine Häuser und verzieren sie mit Süßigkeiten.

Honig ist darin, er erinnert uns an das süße Brot in der Wüste, das Gott seinem Volk geschenkt hat, und Mehl, das macht uns stark in der Zeit des Wartens.

Und mit den Gewürzen schmeckt es geheimnisvoll, wie die Geschichte der weisen Könige, die von fern kamen, um den Friedenskönig zu begrüßen.

Lebkuchen heißt es in unserer Sprache, und wenn wir davon essen, denken wir an die alte Geschichte des Ortes mit dem geheimnisvollen Namen Bethlehem, und an die Geburt des wunderbaren Menschen und Gottessohnes, dem Friedenskönig Jesus, Brot des Lebens für die Welt.

Die weihnachtliche Tellersaat

Nach einem alten Brauch aus dem Burgenland in Österreich werden am 13. Dezember Weizen- oder Gerstenkörner auf einen flachen Teller gestreut, mit Wasser begossen und an einen geschützten Ort gestellt. Zur Weihnachtsnacht sind sie dann schon herangewachsen. Und der Teller wird als Tischschmuck zu Weihnachten mit einer Kerze in der Mitte aufgestellt. Auch das ist ein Zeichen für die Hoffnung auf den Friedenskönig, der Brot des Lebens für alle Welt sein will.

Einfache Lebkuchen nach uraltem Rezept

- 750 g Mehl
- 250 g gemahlene Mandeln
- 10 bittere Mandeln oder ½ Backaroma Bittermandel
- 5 g Zimt (2 ½ TL)
- 5 g Nelken (2 TL)
- 5 g Cardamon (2 TL)
- ½ geriebene Schale einer Zitrone
- ½ TL Pomeranzenschale oder eine weitere ½ geriebene Schale einer Zitrone
- 500 g Honig
- ½ TL Hirschhornsalz
- 1 TL Pottasche
- 2 EL Rosenwasser

Dieses sehr alte Rezept ist von meiner Urgroßmutter überliefert. Es ist allein durch seine Zutaten schon geheimnisvoll, und alle Kinder haben Freude daran, mit diesen alten Rezepturen zu backen, die es in guten Gewürzläden oder auch Apotheken gibt.

Zunächst lässt man den Honig heiß werden, dann fügt man einen kleinen Teil des Mehls und das im Rosenwasser aufgelöste Hirschhornsalz und die Pottasche hinzu. Nach und nach werden dann das restliche Mehl und die anderen Zutaten untergeknetet.

Auf einer gut mit Mehl bestäubten Arbeitsfläche wird der Teig im noch warmen Zustand ausgerollt (ca. 0,5 cm dick). Nun können beliebige Plätzchen, aber natürlich der Geschichte entsprechend auch kleine Häuschen ausgestochen werden.

Auf einem mit Backpapier ausgelegten Blech bei ca. 180° C backen, bis die Lebkuchen an der Unterseite eine leichte Bräune erreichen (geschätzt 11-12 Min.).

Die abgekühlten Lebkuchen werden zunächst in einem mit Butterbrotpapier ausgeschlagenen Karton gelagert. Sie brauchen ein wenig Feuchtigkeit, um ihr Aroma zu entfalten und eine weiche Konsistenz zu erhalten.

Blütenfingerzeig

CD 04

Text: Ulrich Walter – Musik: Reinhard Horn

CD 05

Lied vom Friedenslicht aus Bethlehem

Text: Ulrich Walter – Musik: Reinhard Horn

Gott kommt und schenkt uns seinen Sohn

Alle Menschen, groß und klein,
haben einen schönen Traum.

Mitten in der dunklen Nacht
ist das Friedenslicht erwacht,

seine bunte Farbenpracht
leuchtet tief ins Herz hinein.

Praktische Ideen, Geschichten und Bodenbilder

„Advent, Advent, geheimnisvolle Zeit“

Eine gestaltete Mitte zu den Versen 1 bis 3

Die gestaltete Mitte zum Adventslied (S. 22) bekommt nun ihren dritten Teil. Auf ein violettes Dreieck, das an das Mittelbild angelegt ist, wird die dritte Kerze aus der Mitte auf die Außenspitze des Tuches gestellt und angezündet. Eine kleine Krippe weist auf die Geburt Jesu hin.
Dazu werden die ersten drei Strophen des Liedes (S. 22) gesungen. Die auf der Illustration (S. 33) zu sehenden Elemente: Kerze, Glocke und Blüte werden später eingefügt, sie gehören zum Lied: „Alle Menschen, groß und klein“ (S. 44).

Der dritte Teil der adventlichen Einstimmung wird gelesen.

3. Advent

Einstimmung

„Du kleines Bethlehem, aus dir kommt der Friedenskönig,
auf den die Menschen warten!“ *(Micha 5,1)*

Drei Kerzen brennen.

Schon wird es hell – doch so viele Menschen auf der Welt leiden Hunger.

Sie hoffen auf das Kind, das in der Futterkrippe liegt in Bethlehem –

eine kleine Stadt mit ihren Feldern hat Brot genug für ein ganzes Land.

Und das Kind in der Krippe wird zum Brot für die Welt,

erfüllt soll sein die Hoffnung auf den, der allen Menschen Brot gibt.

Und die Menschen in der Welt hoffen auf uns,

dass wir teilen, was wir haben.

Alle Menschen groß und klein

Vorschlag für eine Meditation mit Bodenbild zum Lied

Zur Vorbereitung schneiden einige Kinder Papierblüten und Faltsterne aus.
(Vorlagen siehe S. 37 und 38 und als PDF-Dateien auf der CD)

Ein dunkelblaues Tuch wird in die Mitte gelegt.

In jener Nacht, als der Himmel über Bethlehem noch dunkel war, saßen Hirten auf den Feldern vor Bethlehem am Feuer und schauten in den Nachthimmel.

Streu-Sterne (als Dekorationsartikel in der Adventszeit erhältlich) werden auf das Tuch gestreut.

Und je mehr Sterne sie entdeckten, umso mehr erinnerten sie sich an die Träume der Menschen vom Frieden.

Nun wird der Stern aus dem Friedenskreuz in die Mitte des Tuches gelegt.

Lied: ***Alle Menschen groß und klein,*** *Vers 1 (S. 44)*

Eine brennende Kerze wird in eine Ecke des Tuches gestellt.

Und in dieser Nacht war die Zeit erfüllt. Gott sandte seinen Sohn auf die Erde. Maria gebar ihr erstes Kind, wickelte es in Windeln und legte es in eine Krippe, denn sie hatten keinen Raum in der Herberge.

Lied: ***Alle Menschen groß und klein,*** *Vers 2 (S. 44)*

Eine gefaltete Papierblüte in einer Wasserschale wird in eine andere Ecke des Tuches gestellt.

Und auf den Feldern vor Bethlehem hörten die Hirten die frohe Botschaft: Heute ist der Retter der Welt geboren, Jesus, der Sohn der Maria, er ist der lang ersehnte König des Friedens.
Und der ganze Himmel war voll vom Licht und Klang der himmlischen Heerscharen, denn der Friede des Himmels war auf die Erde gekommen.

Lied: ***Alle Menschen groß und klein,*** *Vers 3 (S. 44)*

Eine kleine Glocke wird in die dritte Ecke des Tuches gestellt.

Eilig liefen die Hirten nach Bethlehem, und sie fanden alles so, wie es der Engel gesagt hatte.

Lied: **Alle Menschen groß und klein,** *Vers 4 (S. 44)*

Zu dem Stern wird nun die Krone aus dem Friedenskreuz gelegt. Natürlich bietet es sich hier an, auch eine Krippe und kleine Krippenfiguren dazu zu stellen.
Alle Kinder legen ihren Faltstern in einem großen Kreis an die Außenränder des Tuches.

Das Lied (S. 44) wird noch einmal gesungen, und zum Abschluss füllen alle Kinder einige Streusterne als Erinnerung in ihren Faltstern.

Bastelanleitung und Kopiervorlage Papierblüte

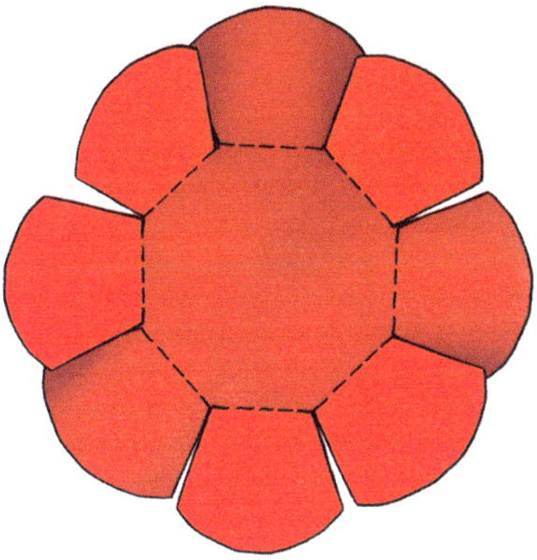

Die Blüte wird an den durchgezogenen Linien aus- bzw. eingeschnitten.
Die Blütenblätter werden an der gestrichelten Linie nacheinander nach innen gefaltet.
In die Mitte kann ein kleines Bild gemalt oder ein Weihnachtswunsch geschrieben werden.
Wenn die Blüte auf eine Wasseroberfläche gelegt wird, entfaltet sie sich langsam.

(Kopiervorlage auch als PDF auf der CD)

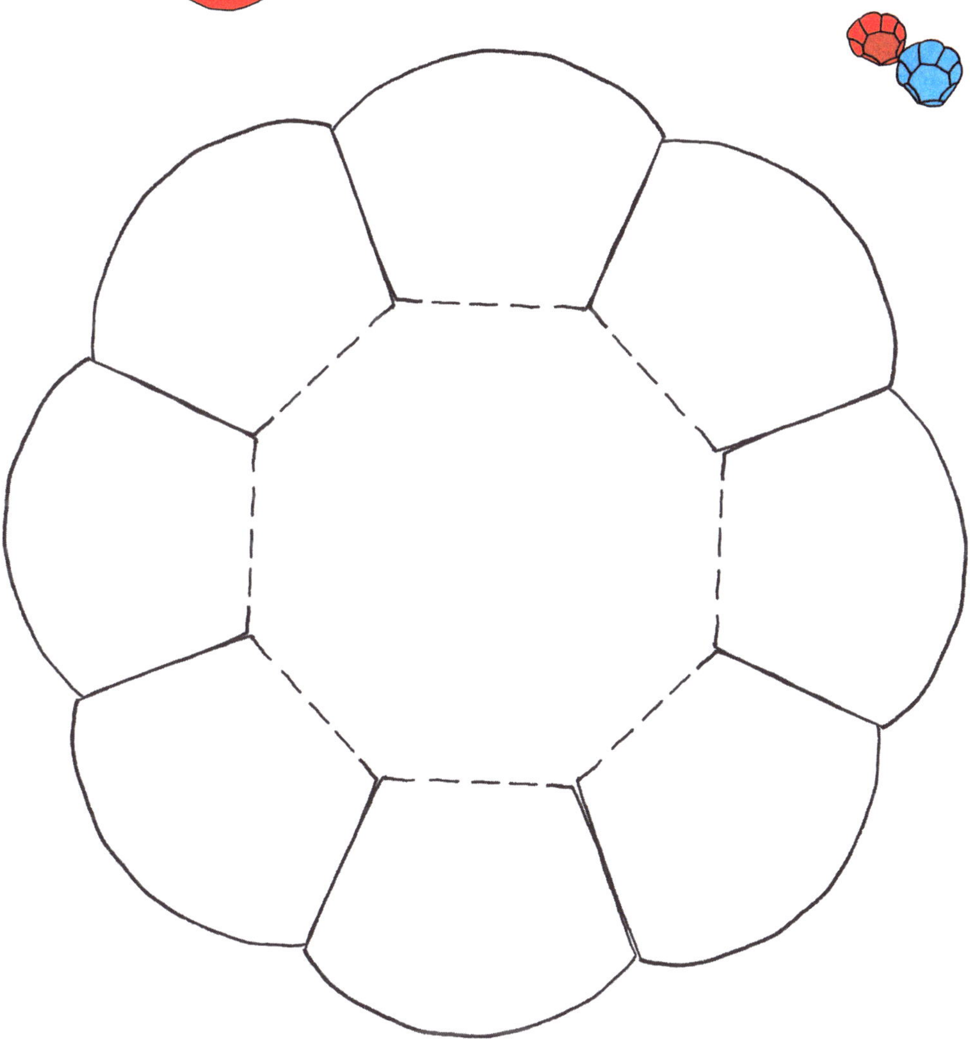

Bastelanleitung und Kopiervorlage Faltstern

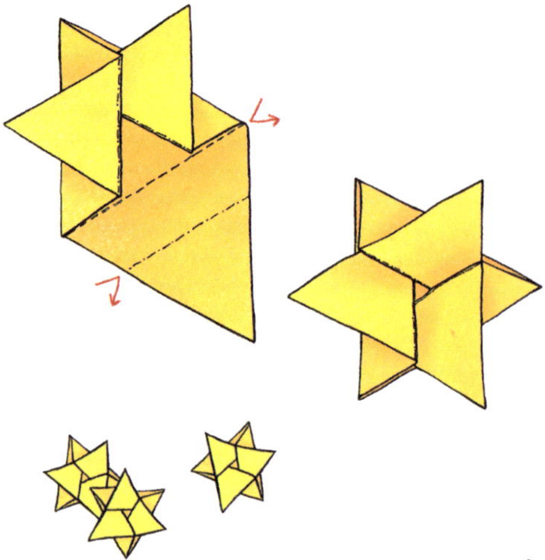

Das gleichseitige Dreieck aus der Vorlage wird ausgeschnitten. Dann werden die drei Außendreiecke zunächst nach innen gefaltet, bevor die drei Seiten an der einfach gestrichelten Linie wieder nach außen gefaltet werden.
Die so entstandenen Ecken werden nacheinander nach innen geklappt, und die letzte Ecke wird eingeschlagen; so entsteht ein geschlossener Stern.

(Kopiervorlage auch als PDF auf der CD)

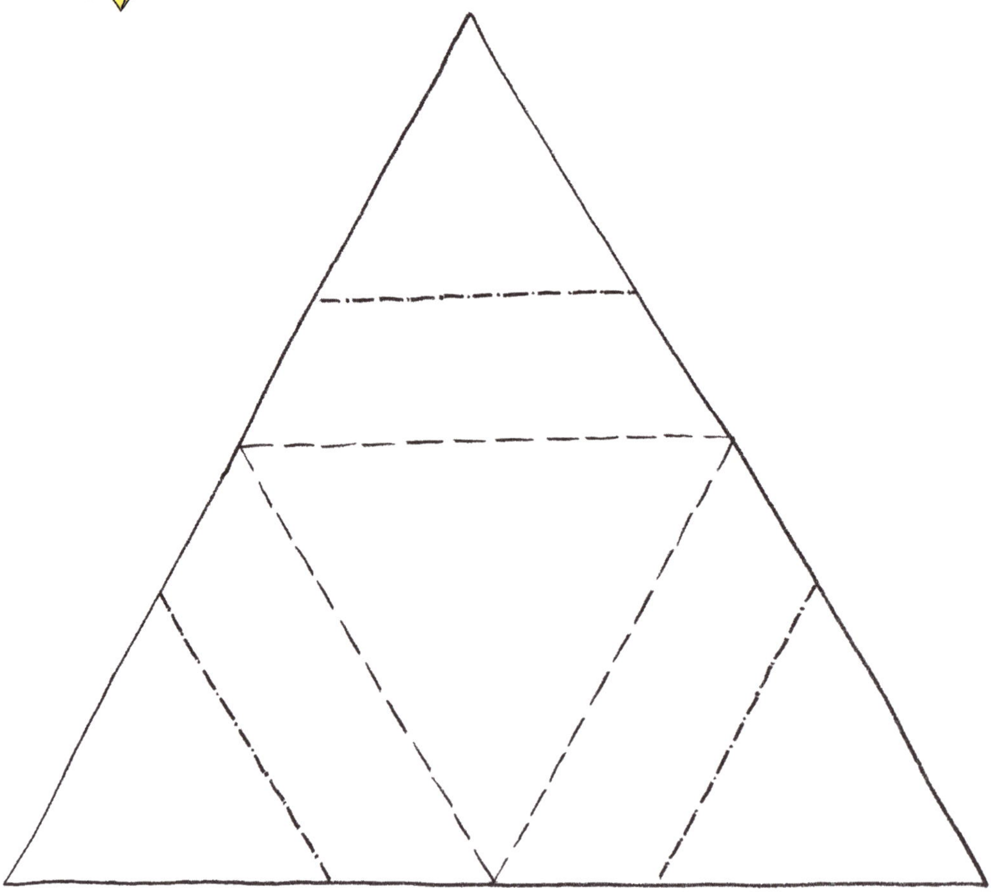

Ehre sei Gott in der Höhe und Friede auf Erden
Eine Geschichte mit Bildern für das Erzähltheater

(alle Bilder als PDF-Dateien im DIN-A4-Format auf der CD)

Bild 1 zeigen:

In jener Nacht, als der Himmel über Bethlehem sich öffnete und ein neues Licht die Finsternis erhellte, wurde auch ein Adler aus seiner Ruhe aufgeschreckt. Taghell lag das Feld unter dem großen Baum, auf dem er sich zur Nachtruhe niedergelassen hatte.

Er sah Hirten auf dem Feld, geblendet und überwältigt von einem strahlenden Licht.

Und mit der Schärfe seines Adlerblickes entging ihm auch nicht ein kleines Lamm, das sich verstört von der Herde abgesondert hatte.

Bild 2 zeigen:

Der Adler hatte Hunger, und das Lamm war eine willkommene Beute. Und so stieß er sich ab und machte ein paar mächtige Flügelschläge, um dann auf das Lamm herabzustoßen.

Aber wie er so aufstieg, da wurde er vom Licht des Himmels angezogen. Auf einmal wurde eine ganz andere Sehnsucht in ihm geweckt. Das friedvolle Licht tauchte sein Gefieder in einen strahlenden Glanz. Er stieg höher und höher, voller Glück, als wäre ihm das Leben neu geschenkt.

Das war den Hirten nicht verborgen geblieben, und sie schauten ihm verwundert nach. Auch in ihren Herzen war es warm geworden von dem Licht. Und sie hörten auf die Worte des Engels, der ihnen in diesem Licht erschien: „Ehre sei Gott in der Höhe und Friede auf Erden bei allen Geschöpfen, denn der Retter der Welt ist geboren!"

Bild 3 zeigen:

Der Glanz des Himmels verlöschte und die Dunkelheit der Nacht kehrte zurück. Auch der Adler segelte zur Erde zurück. Seine Augen und sein Gefieder aber strahlten noch von der himmlischen Wärme. Er landete in der Krone eines Baumes, der neben einem alten Stall stand.

Der Adler blickte suchend umher, denn er spürte in seinem Herzen das gleiche geheimnisvolle Licht, das ihn auf seinem Flug begleitet hatte. Er suchte den Himmel ab, fand aber nicht, was ihn an das Leuchten erinnerte.

Erst als er durch das löchrige Dach in den Stall schaute, entdeckte er die Quelle des Lichtes. Es drang aus einer Futterkrippe. Ein kleines wehrloses Menschenkind lag dort im Stroh, notdürftig in Tücher gewickelt. An der Krippe standen eine junge Frau und ihr Mann. Gerade kamen einige Hirten dazu.

Der Adler konnte seinen Blick nicht von dem Kind in der Krippe wenden. Und je länger er schaute, desto mehr spürte er in seinem Herzen die gleiche Wärme, die ihn auf seinem nächtlichen Flug dem Himmel entgegen angezogen hatte.

Bild 4 zeigen:

Im Morgengrauen machten sich die Hirten auf den Weg zurück zur Herde. Am Horizont ging die Sonne auf, und die ersten Strahlen eines neuen Tages brachen sich ihre Bahn in das Dunkel.

Mit einem Schrei stieg da der Adler auf und flog der Sonne entgegen. Die Hirten verfolgten den mächtigen Schlag seiner Flügel, bis sie ihn aus den Augen verloren, und ihre Sehnsucht flog mit ihm.

So geht es den Menschen bis heute. Wenn sie den Flug des Adlers unter der Sonne verfolgen, wird in ihnen die Sehnsucht nach dem Himmel wach.

Und in ihren Herzen strahlt aufs Neue das Licht von Weihnachten, das vom Himmel auf die Erde kam, um den Frieden Gottes in ihnen wach zu rufen.

Das japanische Erzähltheater Kamishibai

Zu dieser Geschichte und der Geschichte „Das Geheimnis der drei Kronen" (S. 60) finden sich auf der CD Bildvorlagen im DIN-A4-Format für ein Erzähltheater. Die Bilder werden in Prospekthüllen eingelegt und dann alle hintereinander in das Theater eingestellt. Bei den im Text gekennzeichneten Stellen wird dann das erste Bild herausgezogen, und das nächste Bild erscheint.

Bauanleitung für das Erzähltheater Kamishibai

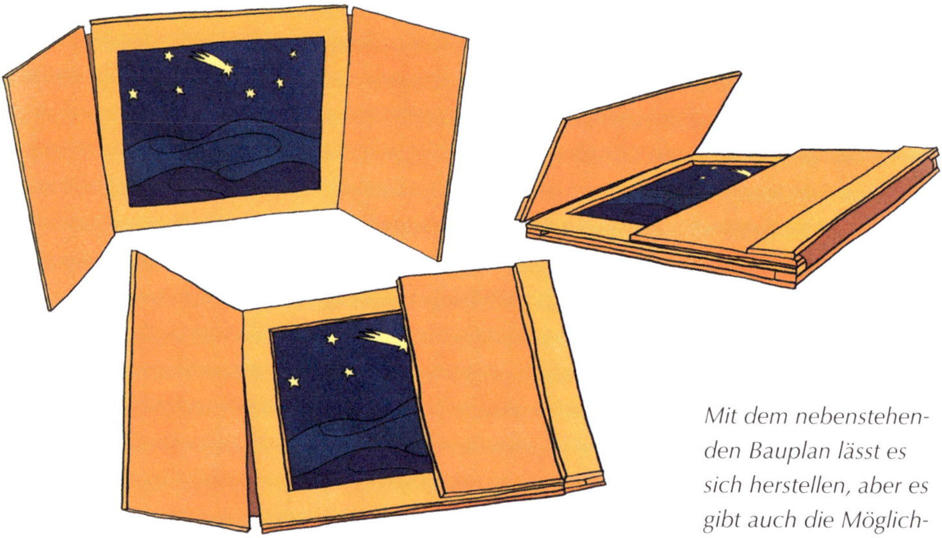

Mit dem nebenstehenden Bauplan lässt es sich herstellen, aber es gibt auch die Möglichkeit, es zu bestellen.

(Bezugsmöglichkeiten und weitere Informationen auf S. 90)

Auf der Grundlage einer DIN-A4-Prospekthülle

1	Grundplatte	Platte 5 mm	0,35 x 0,27 m
	(Variation: Deckplatte	Platte 5 mm	0,35 x 0,27 m)
2	Seitenteile	Platte 5 mm	0,27 x 0,17 m
1	Grundplatte unten	Leiste 20 x 12 mm	0,35 m lang
2	Grundplatte links u. rechts	Leiste 20 x 12 mm	0,25 m lang
2	Deckleisten oben u. unten	Leiste 30 x 5 mm	0,35 m lang
2	Deckleisten links u. rechts	Leiste 30 x 5 mm	0,21 m lang
2	Deckleisten für Seitenteile	Leiste 30 x 5 mm	0,27 m lang
2	„Scharniere"	Stoff- oder Lederstreifen, Breite 5 cm	0,25 m

1. Leisten zuschneiden und auf Grundplatte aufleimen (nageln).
2. Links und rechts „Scharniere" auftackern.
3. Deckleisten zuschneiden und aufleimen (nageln).
(Variation: Deckplatte ausschneiden mit Rand 3 cm)
4. Seitenteile auflegen, Scharniere antackern und mit Deckleisten verblenden.

Franz von Assisi feiert Weihnachten im Wald bei Greccio

Eine Geschichte zur Krippe

Keiner weiß genau, wo Jesus geboren wurde. Aber schon bald haben die Christen in den ersten Gemeinden danach gefragt, vielleicht zuerst die Kinder.

So entstanden nach und nach die Geschichten von der Geburt Jesu. Eine davon hat Lukas aufgeschrieben, Matthäus eine andere. Vieles ist gemeinsam, Bethlehem, Maria und Josef. Origines, einer der Kirchenväter im 3. Jahrhundert, war sich ganz sicher, dass er den Ort kannte, an dem Jesus geboren wurde. Es war eine Felsenhöhle nahe bei Bethlehem, ein Unterschlupf, in dem die Hirten und ihre Herde bei schlechter Witterung Schutz suchten. Natürlich gab es dort auch eine Futterkrippe.

Das lateinische Wort für „Krippe" bedeutet zugleich Krippe und Stall.

So kam es, dass in unserer Tradition der Stall und die Krippe zum Ort der Geburt Jesu wurden. Ochse und Esel gehörten in Anlehnung an ein Wort des Propheten Jesaja auch dazu: „Ein Ochse kennt seinen Herrn und ein Esel die Krippe seines Herrn." Jedes Tier weiß, wohin es gehört, nur der Mensch erkennt es nicht.

Aus dem 4. Jahrhundert ist bekannt, dass im Gottesdienst der Weihnachtsnacht die Darstellung der Krippe im Mittelpunkt stand. Gott wird Mensch, der Sohn Gottes kommt in die Welt, geboren von Maria, ein Kind armer Leute. Und die Hirten von Bethlehem hören und sehen es zuerst.

Dieses Bild hat auch Franz von Assisi bewegt.

Es wird erzählt, dass Franz von Assisi seinem Freund Johannes den Auftrag gab: „Ich möchte, dass wir mit den anderen zusammen Weihnachten feiern. Lass uns in der Nähe von Greccio feiern, damit auch die Bevölkerung der Stadt zu uns kommen kann. Sie sollen bei der Christmette dabei sein. Ich möchte an das Kind erinnern, das in Bethlehem geboren wurde. Wir wollen es mit unseren eigenen Augen und allen unseren Sinnen sehen und begreifen. Schon als Kind hatte es große Not zu leiden: Es wurde in eine Krippe gelegt und auf Heu gebettet. Ochs und Esel standen dabei."

Johannes kannte die Weihnachtsgeschichte natürlich genau. Er eilte nach Greccio. Bald hatte er einen geeigneten Ort gefunden. An einem felsigen Hang war eine kleine Lichtung. Die Felsen waren von Bäumen umsäumt, wie eine Kapelle in freier Natur. Johannes bereitete alles vor. Die Frauen und Männer aus Greccio stellten Fackeln und Kerzen auf, um die Nacht hell zu machen. Zu den letzten Vorbereitungen kam auch Franziskus. Ochse und Esel wurden gebracht und fanden einen Ruheplatz am Felsen. Davor wurde die Krippe vorbereitet. Es war ein einfacher Futterkorb, geflochten aus jungem Holz. In die Krippe wurde Heu gelegt. Franziskus dachte: Ja, so könnte es auch in Bethlehem gewesen sein.

Endlich ist die Weihnachtsnacht da. Von überall her kommen Menschen. Hell wie der Tag leuchten die Lichter vom Felsen. Die Menschen singen, und ihr Lobgesang und ihr freudiges Lachen klingt weit durch den Wald. Franziskus erzählt das Evangelium. Die Menschen hören und schauen, und können es sich vorstellen: Gottes geliebter Sohn wird der Welt geschenkt. Maria, eine junge Frau auf der Wanderschaft, bringt ihn zur Welt. Und sie legt den Sohn Gottes in eine Krippe, weil kein Platz für ihn in der Herberge war.

Und in dieser Nacht sind die armen Leute aus Greccio die Ersten, die die gute Nachricht hören: „Euch ist heute der Heiland geboren, welcher ist Christus der Herr in der Stadt Davids. Und das habt zum Zeichen, ihr werdet finden das Kind in Windeln gewickelt und in einer Krippe liegen."

Über der Krippe feiert der Priester die Eucharistie, das heilige Abendmahl. Das Kind in der Futterkrippe, es ist Jesus Christus, den Gott uns schenkt. So nahe kommt Gott zu uns. Franz predigt von dem armen König, der geboren wurde in der kleinen Stadt Bethlehem.

Bis heute malen wir es uns aus: Wie stellen wir uns die Geburt Jesu vor? Von der armseligen Hütte bis zu prunkvoll ausgestatteten Gewändern, von historischen Darstellungen bis zur Anlehnung an die eigene Landschaft und die eigenen Trachten der jeweiligen Zeit. Es gibt viele Möglichkeiten, sich ein Bild davon zu machen: Ganz einfach und doch wunderbar ist es, Gott wird Mensch, für dich und für mich, für alle Völker der Erde. Und das mitten in unserer Welt.

CD 06

Alle Menschen, groß und klein

Text: Ulrich Walter – Musik: Matthias Nagel

C C7
1. ist ein Frie - dens - licht er - wacht!
2. blüht die Frie - dens - blu - me auf;
3. schlägt die Frie - dens - glo - cke an;
4. hält der Frie - dens - kö - nig Hof;
F Bb
1. Sei - ne bun - te Far - ben - pracht
2. und aus ih - rem Blü - ten - kelch
3. und ihr Klang läuft um die Welt,
4. dort, im Stall von Beth - le - hem,
C7 F
1. leuch - tet tief ins Herz hin - ein.
2. strömt ein wun - der - ba - rer Duft.
3. dringt tief in der Men - schen Ohr.
4. Je - sus Christ ge - bo - ren ist.
F7 Bb
1. Sei - ne bun - te Far - ben - pracht
2. Und aus ih - rem Blü - ten - kelch
3. Und iht Klang läuft um die Welt,
4. Dort, im Stall von Beth - le - hem,
Bb G7 C7 F
1. leuch - tet tief ins Herz hin - ein!
2. strömt ein wun - der - ba - rer Duft!
3. dringt tief in der Men - schen Ohr!
4. Je - sus Christ ge - bo - ren ist!

Bastelanleitung für ein Tischtheater mit Holzbiegepuppen

Die Geschichte von Franz von Assisi, aber auch die Erzählung der Weihnachtsgeschichte nach Lukas (Kap. 4, S. 49) laden ein, eine eigene kleine Krippe zu gestalten. So können die Hoffnung auf den Messias und die Erwartungen der Kinder miteinander verknüpft werden. Dazu werden Figuren für ein Tischtheater angefertigt, so dass die Kinder die Geschichte sehen und nachspielen können.
Für die einzelnen Stationen der Geschichte wird aus Tüchern und Naturmaterialien eine Landschaft aufgebaut. Dazu fertigen die Kinder, wie auf der Abbildung dargestellt, ihre kleinen Hirtenkinder.
Für die Figuren lassen sich Holzbiegepüppchen verwenden. Ähnlich werden die anderen Figuren der Weihnachtsgeschichte erstellt.

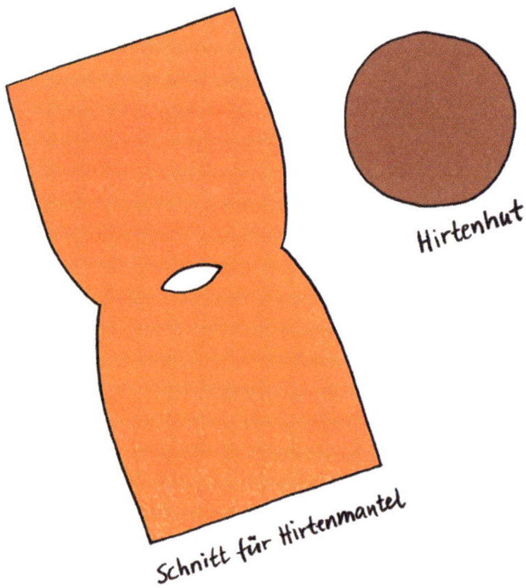

Aus Filz werden die Hirtenmäntel gefertigt (siehe Schnittmuster S. 93) und mit einer Kordel zugebunden. Rohwolle dient als "Haarpracht", aus einem Filzplättchen (Ø 5cm – siehe Schnittmuster S. 93) wird der Hut gefertigt, indem er über eine Holzlöffelspitze gebeult wird.

Fertige Biegepuppen und Zubehör finden Sie beim Verlag Junge Gemeinde:
www.junge-gemeinde.de

Der Stern zeigt uns den Weg zum Kind

Ein Kind ist uns geboren,

ganz zart und wunderbar.

Gott selbst hat es erkoren,

ein Friedenstraum wird wahr.

Praktische Ideen, Geschichten und Bodenbilder

„Advent, Advent, geheimnisvolle Zeit"

Eine gestaltete Mitte zu den Versen 1 bis 4

Die Mitte zum Adventslied (S. 22) wird nun abgeschlossen.
Auf ein orangefarbiges Dreieck wird die vierte Kerze aus der Mitte auf die Außenspitze des Tuches gestellt und angezündet. Der Adventskranz wird aus der Mitte genommen und durch einen Stern ersetzt, der mit den Strahlenleuchtern gestaltet wird (siehe Kapitel 1, S. 17).
Mit Maria, Josef und dem Jesuskind in der Krippe, dazu einigen Hirten und Königen wird eine kleine Krippenlandschaft gestellt.
Die Kinder können nun einige Faltsterne dazu legen (siehe S. 38). Dazu werden alle Strophen des Adventsliedes (S. 22) gesungen.
Der vierte Teil der adventlichen Einstimmung wird gelesen.

4. Advent

Einstimmung

„Mache dich auf und werde Licht, denn dein Licht kommt!" *(Jesaja 60,1)*

Vier Kerzen brennen.

Nun schließt sich der Kreis,
und aus allen Himmelsrichtungen kommen die Menschen
zum Friedenskönig nach Bethlehem.

Der Stern zeigt ihnen den Weg.

Und wenn sie zurückkehren, dann nehmen sie die Friedensbotschaft mit.

Auch heute will uns der Stern auf Wege des Friedens leiten.

Und mit allen Menschen auf der ganzen Welt hoffen wir,
dass der Friedenskönig rund um die ganze Erde herrscht,
von Norden bis Süden, von Osten bis Westen.

Lukas erzählt vom Friedenskönig

Schon die Kinder der ersten Christen werden ihre Eltern gefragt haben: „Wie war das damals, als Jesus geboren wurde?“ Und bald gab es einige Geschichten, denn die Umstände seiner Geburt waren geheimnisvoll. Später hat der Evangelist Lukas aufgeschrieben, was er gehört hatte.

Er beginnt mit einer geheimnisvollen Begegnung. Denn dass dieses Kind ein besonderes Kind war, erfuhr zuerst seine Mutter Maria. Sie lebte zusammen mit ihrem Verlobten Josef in Nazareth. Und eines Tages erschien ihr ein Engel; ein Bote Gottes war zu ihr gekommen und hatte ihr verkündet:

„Friede sei mit dir, Maria. Fürchte dich nicht! Gott hat dich auserwählt. Du wirst einen Sohn bekommen, und du sollst ihn Jesus nennen. Er wird ein König werden, der König, auf den die Welt so lange wartet. Sie werden ihn den Messias nennen, den ‘Retter der Welt‘.“

Maria wunderte sich über diese Botschaft, und sie freute sich auf ihr erstes Kind und bereitete alles vor. Doch dann kam es ganz anders. Eines Tages kehrte Josef aus der Stadt zurück und war ganz aufgeregt: „Maria, wir müssen aufbrechen, nach Bethlehem führt unser Weg. Der Kaiser hat befohlen, dass sich alle Menschen in Steuerlisten eintragen lassen müssen. Ich muss dazu nach Bethlehem, denn meine Familie stammt von dort.“ Und sie brachen auf. Es war ein beschwerlicher Weg für Maria, und als sie in Bethlehem ankamen, da spürte Maria: Nun wird es bald soweit sein, mein Kind kommt zur Welt.

So brachte Maria ihr erstes Kind in Bethlehem zur Welt. In einem kleinen Stall, sonst war kein Raum für sie. Und Maria nahm ihr neugeborenes Kind, und als sie es versorgt und gewickelt hatte, legte sie es in eine Futterkrippe.

Nun war der Messias, der Friedenskönig, geboren, als Kind armer Eltern in einem kleinen Stall. Zu einer Zeit, als das römische Reich groß war und die Macht des Kaisers unermesslich schien, da erfüllte sich, was in den Schriften der Propheten verheißen war. Aber woher sollte die Welt erfahren, dass der Retter geboren war? Viele von ihnen warteten schon so lange. Und sie schauten nach den Zeichen am Himmel.

Lukas erzählt uns, was bei den Hirten auf den Feldern vor Bethlehem geschah.

Sie hielten Wache bei ihren Herden in der Finsternis der Nacht. Da trat der Engel Gottes zu ihnen und Gottes Herrlichkeit leuchtete über den ganzen Himmel. Und die Hirten fürchteten sich.

Aber der Engel sprach zu ihnen: „Fürchtet euch nicht! Habt keine Angst!“

Langsam schauten die Hirten auf. Die Stimme hatte einen guten Klang: „Ich habe gute Nachricht für euch, alle Menschen werden sich darüber freuen. Heute wurde in Bethlehem der Friedenskönig geboren. Gott hat ihn für euch ausgewählt, er wird euch retten! Geht hin und seht selber nach. Ihr werdet das Kind finden: in Windeln gewickelt liegt es in einer Futterkrippe. Dieses Kind ist Gottes Sohn, er ist bei euch, nun wird alles Leid ein Ende haben.“

Und dann erschienen immer mehr Engel, ein ganzer Chor. Sie lobten Gott: „Ehre sei Gott im Himmel! Er schenkt allen Menschen auf Erden Frieden."

Sofort brachen die Hirten auf, um das neugeborene Kind zu suchen. Sie fanden es so, wie der Engel ihnen gesagt hatte.

Alles, was ihnen der Engel von diesem Kind erzählt hatte, berichteten sie Maria und Josef.

Der König des Friedens, auf den alle schon so lange gehofft hatten, nun war er endlich geboren: Jesus, das Kind der Maria, in einem kleinen Stall in Bethlehem.

Und dann gingen sie nach Bethlehem. Alle Menschen sollten es erfahren: Der Friedenskönig, der Retter der Welt, endlich ist er da!

Auch zu dieser Erzählung eignet sich die anschauliche Darstellung mit Holzbiegepuppen (siehe S. 46) auf einer Landschaft aus Tüchern, die die Kinder zum Nachspielen einlädt. Ebenso bietet sich nach dieser Geschichte der Tanz zum Lied: „In der allerlängsten Nacht" (S. 58, Tanz S. 51) an.

Tanz zum Lied: „In der allerlängsten Nacht“

Das Lied (siehe S. 58) kann als Tanz in zwei Gruppen in einem Kreis gestaltet werden. Der Kreis sollte nach außen und innen Platz für einige Schritte bieten. Gruppe B macht das Gleiche wie A, fängt aber erst bei: „und plötzlich …“ an. Dadurch entsteht eine Wechselwirkung in der Bewegung von innen nach außen, und bei jedem vierten Teil treffen sich alle im Mittelkreis im Wiegeschritt.

	A1 = B3
In der allerlängsten Nacht	*Vier Schritte zur Mitte, die Hände langsam zur Mitte erheben.*
ist ein Kind gebor'n,	*Vier Wiegeschritte auf der Stelle, die Hände langsam zu einer Schale vor den Körper führen.*
	A2 = B4
hat die Augen aufgemacht,	*Vier Schritte zurück zur Kreismitte,*
klein und ganz verloren;	*vier Wiegeschritte auf der Stelle, dabei die Hände vor dem Körper halten.*
	A3 = B1
und plötzlich ist die kalte Nacht,	*Vier Schritte rückwärts nach außen …*
ganz hell und auch ganz warm.	*… und in einer langsamen Drehung in vier Schritten mit weit ausgebreiteten Armen einen großen Kreis zeigen.*
	A4 = B 2
Die Welt ist aus dem Schlaf erwacht	*Vier Schritte zurück zur Kreismitte, dabei die Hände langsam ausstrecken.*
und hält das Kind im Arm.	*Vier Wiegeschritte auf der Stelle, dabei die Hände den A/B-Nachbarn oder Nachbarinnen auf den Rücken legen.*

Auf der Suche nach dem König des Friedens
Matthäus erzählt

Die Erzählung nach Matthäus lädt ein, die einzelnen Szenen mit dem Symbol des Sterns darzustellen. Dazu werden nach der Vorlage die entsprechenden Figuren aus Tonkarton ausgeschnitten (siehe S. 55 und 56).

Weit im Osten der damals bekannten Welt war am Himmel ein neuer Stern aufgegangen. Drei weise Sterndeuter hatten den neuen Stern entdeckt. Und sie machten sich auf den Weg, denn sie suchten nach einem neuen König. Es war der König des Friedens, auf den die Menschen schon lange warteten, der König, den Gott den Menschen versprochen hatte.

Auf ein dunkelblaues Tuch wird oben der Leitstern gelegt.
Ihm folgen die drei Sterndeuter mit den Kronen.

Eines Abends erreichten die drei Sterndeuter die Grenze der kleinen römischen Provinz Juda. Auf ihrem Weg hatten sie schon viele Geschichten gehört, die sich die Menschen von dem neuen König erzählten. Und sie erinnerten sich: „Sagte uns nicht letztens einer der Wirte, dass er aus Juda stammt?“ – „Richtig, berichtete er nicht auch von der Hoffnung auf einen neuen König?“ – „Ein merkwürdiger König war das, der auf dem Reittier der Armen, auf einem Esel geritten kam.“

Sie schauten in den dunklen Abendhimmel. „Ob wir nun bald am Ziel unserer Reise sind?“ – „Juda ist ein kleines Land. Lasst uns morgen in die Hauptstadt gehen, dort ist der Palast des Königs. Wenn in diesem Land der neue König geboren wurde, wo sonst sollten wir es erfahren?“

So brachen sie früh am nächsten Tag auf. Am Abend kamen sie nach Jerusalem. Sie gingen durch die Gassen der Stadt und fragten: „Sagt, ist in eurem Land ein neuer König geboren? Einer, der von Gott eingesetzt ist?“

Die Leute schauten die Fremden erstaunt an und schüttelten den Kopf. „Aber so hört doch, wir haben seinen Stern gesehen. Darum sind wir gekommen. Wir wollen ihm unsere Ehre erweisen.“

Endlich bekamen sie eine Antwort, aber anders, als sie es erwartet hatten: „Was sprecht ihr von einem rechtmäßigen König? Ihr kommt wohl von weit her. In unserem Land herrscht Herodes.“ Und der, der das sagte, schaute sich vorsichtig nach allen Seiten um, bevor er leise weiter sprach: „Er kommt gar nicht aus der Königsfamilie, er ist durch Heirat an die Macht gekommen. Und wenn die Römer ihn nicht schützen würden, wer weiß, ob es ihn noch gäbe. So nach und nach hat dieser Herodes die Macht an sich gerissen. Er ist ein grausamer König. Wir Menschen in Juda leiden unter seiner Herrschaft."

Die Sterndeuter bedankten sich für diese Auskunft und gingen weiter. Fremd, wie sie aussahen, erregten sie Aufsehen in Jerusalem. Bis zum Hofe des Herodes drang die Nachricht von ihnen.

Auf den unteren Teil des Tuches wird ein schwarzes Tuch gelegt. Darauf werden der Stern für Herodes und die beiden Beratersterne gelegt. Der Herodesstern hat die Form eines fallenden Sternes, als Zeichen dafür, dass mit dem kommenden Friedenskönig seine Zeit zu Ende geht.

Als König Herodes hörte, dass sie von der Geburt eines neuen, rechtmäßigen Königs sprachen, war er zutiefst erschrocken. Sofort rief er seine Berater zu sich.

„Fremde Gelehrte sind in der Stadt. Sie fragen nach einem neuen König, einem Friedenskönig, den die Propheten verheißen haben. Sagt mir, was ihr darüber wisst! Wo soll er geboren werden?" Die Berater forschten in den alten Schriften und gaben dem König Bericht: „Hier steht etwas über einen Friedenskönig. Er soll in Bethlehem geboren werden. Das ist in der Schriftrolle des Propheten Micha aufgeschrieben."

In der nächsten Nacht ließ Herodes die drei Sterndeuter zu sich rufen. Er holte sie heimlich, damit es keiner im Land merkte. Denn Herodes hatte Angst um seine Macht.

Die Beratersterne werden weggenommen, dafür kommen die drei Sterne der Sterndeuter zu Herodes.

Er fragte sie nach dem Stern, dem sie gefolgt waren: „Wann habt ihr den Stern entdeckt? Wenn sein Glanz euch von so weit her geführt hat, dann muss es ein ganz besonderer Stern sein."

Sie berichteten von ihrer langen Reise, aber Herodes war ungeduldig und wollte sie schnell loswerden. „Ich habe meine Berater schon befragt. Geht nach Bethlehem. Forscht nach, ob ihr dort einen neugeborenen König findet. Und wenn ihr ihn gefunden habt, gebt mir Bericht davon. Dann will ich mich auch auf den Weg zu ihm machen."

So kam es, dass sie den Palast des Herodes schnell verließen. Aber sie hatten es sich gut gemerkt: Bethlehem hieß die Stadt, von der in den alten Schriften geschrieben war.

Als sie Jerusalem verlassen hatten, schauten sie in den Nachthimmel.

„Da, schaut, der Stern, der uns so weit geführt hat, nun ist er wieder da!" „Merkwürdig, jetzt, wo wir den Palast hinter uns gelassen haben, ist er wieder zu sehen."

Das schwarze Tuch mit dem Herodesstern wird nun weggenommen. Oben an das blaue Tuch wird aus braunem Tuch ein Haus gelegt. Der Leitstern steht über dem Haus. Die drei Sterndeuter machen sich auf den Weg zu diesem Haus

Eilig zogen sie in die Richtung, die der Stern ihnen gewiesen hatte. Der Weg führte sie nach Bethlehem. Dort fanden sie das Haus, in dem Jesus, das neugeborene Kind, mit seiner Mutter Maria und Josef war. Sie gingen hinein und knieten vor dem kleinen Kind Jesus nieder.

In das braune Tuch wird als Untergrund ein blaues Tuch gelegt. Darauf finden die drei Sternfiguren für Maria, Josef und das Jesuskind ihren Platz. Die Sterndeuter werden dazugelegt.

Schnell ließen sie ihre kostbaren Geschenke holen, die sie für den neuen König mitgebracht hatten. Gold, Weihrauch und Myrrhe breiteten sie vor dem Kind aus.

Das Schlussbild entsteht dadurch, dass die drei Sterndeuter ausgetauscht werden gegen Sterne ohne Krone; dann wird die Jesusscheibe gegen den Königs-Stern ausgetauscht, dessen Form sich aus den drei Kronen zusammensetzt – Zeichen für die bei Matthäus ausgedrückte Anerkennung des Friedenskönigs.

Sie waren ganz sicher: „Wir sind am Ziel unserer Suche. Dieses Kind ist der Messias, Gott hat ihn gesandt." – „Er ist der König des Friedens, auf den die Völker schon so lange warten."

Mit dieser guten Botschaft traten die drei Sterndeuter ihren Heimweg an. Ihre Suche hatte sich gelohnt.

Herodes aber sagten sie nichts davon. Gott war ihnen im Traum erschienen, und sie zogen auf einem anderen Weg zurück.

Farbvorlagen für Sternfiguren

Die Sternfiguren für die Sterndeuter werden zweimal gebraucht, mit und ohne Krone, ebenso die Sternfiguren für Jesus, als Scheibe mit einem Stern in einer angedeuteten Krippe, und dann noch einmal mit dem Königsstern, so wie hier abgebildet.
(Kopiervorlage auch als PDF-Datei auf der CD)

Kopiervorlagen für Sternfiguren

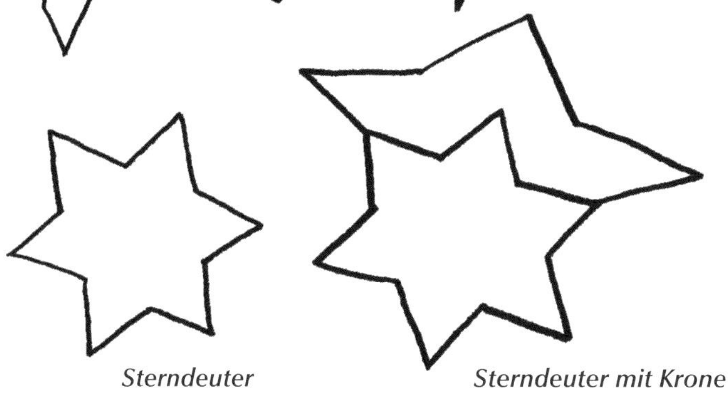

Die Sternfiguren mit und ohne Krone für die Sterndeuter werden jeweils dreimal gebraucht.

Ein Stern geht auf am Himmelszelt

CD 07

Text: Ulrich Walter – Musik: Reinhard Horn

CD 08

In der allerlängsten Nacht

Text: Jutta Richter – Musik: Reinhard Horn

Das Geheimnis der drei Kronen

Mitten in unserer kleinen Welt der großen Wünsche
kommt Gott groß heraus in einem kleinen Kind.

Was klein gemacht wurde, wird nun groß,
und die Großspurigen werden kleinlaut,

weil das kleine Kind Kraft hat,
die große Sehnsucht nach Leben zu wecken.

Das Geheimnis der drei Kronen

Eine Geschichte mit Bildern für das Erzähltheater

Eine Anleitung zum Selbstbauen für das Erzähltheater findet sich auf S. 42 (alle Bilder als PDF-Dateien im DIN-A4-Format auf der CD).

Bild 1 zeigen:

Das sind aufregende Tage für Miriam. Am Rande der kleinen Stadt Bethlehem wohnt sie mit ihrer Familie. Zu ihrem Haus gehört auch ein Stall, in dem die Tiere leben.

Seit einigen Tagen ist es mit der Ruhe in Bethlehem vorbei. Viele Familien sind zu Besuch. An jedem Tag stehen sie in langen Schlangen vor dem Haus der römischen Behörde. Sie sind nicht freiwillig gekommen. Augustus, der Kaiser in Rom hat es befohlen. Alle Männer von Juda müssen sich mit ihren Familien in Steuerlisten eintragen lassen. Und dazu kommen sie in die Stadt, aus der ihre Familie stammt.

In jedem Haus sind Gäste, und sogar im Stall von Miriams Familie hat ein junges Paar eine notdürftige Unterkunft gefunden. Es sind Maria und Josef, die aus Nazareth gekommen sind, weil Josef aus der Familie des Königs David stammt, der Bethlehem vor langer Zeit berühmt gemacht hat.

Mittendrin erlebt Miriam diese aufregenden Tage. Natürlich kennt sie die Geschichte von David. Ihre Großmutter hat sie ihr erzählt. Und sie weiß auch: Wenn einmal der Messias, der Friedenskönig geboren wird, dann wird das in Bethlehem sein. Die Menschen warten schon so lange, und sie haben die Hoffnung nicht aufgegeben. Sie wünschen sich Frieden; ohne den grausamen König Herodes, und ohne römische Soldaten, die ihn schützen, und ohne die hohen Steuern, die hier alle an den Kaiser zahlen müssen.

Bild 2 zeigen:

Und nun ist etwas Besonderes geschehen. In der vorigen Nacht hat Maria, die junge Frau, ihr Kind bekommen. Es liegt in der Futterkrippe wie in einer Wiege.

Natürlich hat Miriam es schon besucht. Maria hat ihr da von einem Traum erzählt. Ein Engel war zu ihr gekommen und hatte gesagt: „Das Kind, das du erwartest, wird ein ganz besonderes Kind sein. Es soll Jesus heißen, d. h. Gott hilft."

Aber auch Miriam hatte in der letzten Nacht einen merkwürdigen Traum von drei Kronen, die auf der Suche nach einem Stern waren.

Bild 3 zeigen:

Doch heute hat Miriam keine Zeit zum Träumen. Miriams Eltern arbeiten in der Karawanserei draußen vor der Stadt. Dort machen die Karawanen der Händler Rast auf ihren langen Wegen von Stadt zu Stadt. Und heute Abend wird Miriam ihren Eltern helfen, denn es sind viele neue Gäste gekommen.

Im großen Versammlungszelt ist alles für das Abendessen vorbereitet. Gerade heute sind drei vornehme Herren angekommen. Sie kommen von weit her und führen ein großes Gefolge und viel Gepäck mit sich.

Die anderen Reisenden wundern sich über die Pracht ihrer Kamele und flüstern hinter vorgehaltener Hand: „Das könnten Könige sein, unterwegs in geheimer Mission!"

Miriam findet das aufregend. Sie schaut in das Versammlungszelt. Dort sitzen sie nun um das Feuer und trinken Tee aus frischen Pfefferminzblättern. Die anderen schauen sie mit erwartungsvollen Augen an. Schließlich ergreift einer von ihnen das Wort: „Ihr werdet euch vielleicht wundern, wenn ich euch erzähle, warum uns der Weg in diese Gegend geführt hat. Ich sehe, dass einige von euch Handel treiben. Andere sind mit ihren Herden unterwegs. Doch wir sind mit einem Gefolge aufgebrochen, ohne unser Ziel zu kennen." Alle schauen auf und hören gespannt zu.

„Genauer gesagt war es eine Beobachtung am Himmel, die uns nicht mehr ruhen ließ. Es war ein neuer Stern, den wir an klaren Abenden vom Dach unserer Häuser beobachten konnten. Sein Strahlen ließ uns nicht zur Ruhe kommen. Wir forschten in den Schriften anderer sternkundiger Menschen. Und dann brachen wir auf, um dem Stern zu folgen. Wir fragten in allen Städten nach. Und endlich, in einer alten Bibliothek entdeckten wir in einer alten Schrift einen Hinweis: „Ein neuer König wird kommen, anders als alle vorherigen. Er wird der Welt Frieden und Gerechtigkeit bringen.“ Und da wussten wir, dieser Stern könnte das Zeichen sein, dass er bald kommt.

Bild 4 zeigen:

Miriam hat nur wenig davon mitbekommen. Sie geht zum Brunnen, um Wasser zu holen. Dort trifft sie einen Jungen aus dem Gefolge der vornehmen Herren. Auch er schöpft Wasser, das er den Kamelen in die Tränke schüttet.

Die beiden versuchen, miteinander zu sprechen, aber sie verstehen sich nicht. Der Junge heißt Ragma, das kann sie herausfinden.

Bild 5 a zeigen:

Miriam möchte zu gern wissen, woher die vornehmen Herren kommen.
Das merkt Ragma wohl, und er zeigt ihr den Sternenhimmel, an dem ein Stern ganz hell über der Stadt Bethlehem leuchtet. Dann geht er zu einem der Kamele und zeigt ihr die kostbare Satteldecke, auf der ein Wappen aufgestickt war.

Darauf ist ein großer Stern zu sehen, und unten sind drei Kronen abgebildet. Ragma nimmt nun einen roten Stein und malt eine Krone an die weiß getünchte Wand des Pferches, in dem die Kamele stehen.

Das kann Miriam verstehen. Sie zeigt auf ihren Kopf und geht hocherhoben Hauptes einige Schritte: Ob das Könige sind? Oder ob sie auf dem Weg zu einem König sind?

Bild 5 b zeigen:

Sie schauen sich an und Ragma wischt die beiden Zacken auf der Seite weg, da bleibt ein großes Dreieck. Und er malt ein neues Dreieck, über das andere, dann zeigt er wieder auf den Stern, der da über Bethlehem steht.

Miriam schaut Ragma an. Was soll das bedeuten? Erst eine Krone, und nun ein Stern?

Ragma tippt Miriam an, und macht eine wiegende Bewegung, als hätte er ein Baby auf dem Arm.

Bild 5 c zeigen:

Und nun ist Miriam hellwach: Sie zeichnet zu dem einen Dreieck des Sternes zwei Striche dazu.

Das sieht aus wie eine Wiege oder auch wie eine Futterkrippe.

Auf einmal geht Miriam ganz viel durch den Kopf:

Sie schaut noch einmal auf die Decke des Kamels, und sie sieht drei Kronen. Hatte sie nicht genau in der Nacht davon geträumt, als das Kind in ihrem Stall geboren wurde. Das Kind mit dem wundersamen Namen Jesus – Gott hilft.

Und jetzt fallen ihr wieder die Geschichten von Großmutter ein: Vom Friedenskönig, der in Bethlehem geboren wird, und dessen Stern die ganze Welt hell machen wird!

Bald ist die Zeit da, hatte ihre Oma gesagt

Bild 5 d zeigen:

Miriam schaut Ragma an, und jetzt wischt sie die beiden Striche wieder weg und malt einen Kreis in den Stern.

Ragma lacht, und dann zeigt er Miriam den Stern, der in der Mitte der Kameldecke aufgestickt war.

Der sieht ja genau so aus!

An dieser Stelle passen das ***„Lied vom Königsstern"*** *(S. 80), und der Tanz zum Lied (S. 66).*

Bild 6 zeigen:

Ragma und Miriam gehen vorsichtig zum Eingang des Zeltes, in dem die vornehmen Herren sitzen und essen. Einer winkt Ragma zu sich. Er fragt ihn nach den Kamelen und lädt ihn ein, auch etwas zu essen. Ragma setzt sich neben ihn und zeigt auf Miriam. Und dann winkt er, dass auch sie kommen soll. Ragma erzählt in seiner Sprache, was er mit Miriam zusammen herausgefunden hat. Und dabei zeichnet er alles noch einmal in den Sand, den er vor sich glatt gestrichen hat.

Miriam kann ihn nun verstehen, denn sie sieht die Zeichen und weiß, was Ragma meint, wenn er die Krone, den Stern und das kleine Kind zeigt.

Da geht ein Leuchten durch das Gesicht des vornehmen Herrn.

Er schaut Miriam an, und er spricht ein wenig ihre Sprache.

„Wie ist dein Name?"

„Miriam!"

„Miriam, du hast uns sehr geholfen, aber vielleicht weißt du ja noch mehr!

Wir suchen nach einem neugeborenen König. Der Stern, der über eurer Stadt steht, hat uns von weit her geführt."

Da erzählt Miriam alles, was sie von ihrer Großmutter weiß. Sie erzählt von der großen Hoffnung ihres kleinen Volkes: Eines Tages wird Gott uns den Friedenskönig schicken, er wird Frieden bringen für die Reichen und Vornehmen, Frieden aber auch für uns, die kleinen Leute.

Im Hintergrund steht Miriams Mutter. Sie wundert sich über das, was der vornehme Herr berichtet. Aber sie fragt sich auch: Warum sind sie nicht nach Jerusalem gegangen?

Aber als ob einer der Drei das verstanden hätte, sagt er: „ In Jerusalem haben wir ihn auch gesucht, doch da haben wir nur Herodes, euren König getroffen, aber der wollte uns schnell loswerden. Das Einzige, was wir bekamen, war ein Hinweis von seinen Schriftgelehrten: 'Der Friedenskönig, auf den ihr wartet, der soll in Bethlehem geboren werden!' – Was soll das alles nur bedeuten? Seht, dort der Stern über eurer kleinen Stadt. Aber wo ist er nun, der neugeborene König?"

Da zeigt Miriam auf das Wappen des Herren, das sie schon auf der kostbaren Kameldecke gesehen hat. Und nun erzählt sie von dem neugeborenen Kind in der Krippe, dem Kind, das Jesus heißt.

Bild 7 zeigen:

Noch in der gleichen Nacht brechen die drei vornehmen Herren auf und ziehen mit Miriam nach Bethlehem. Für Miriam ist es nun ganz klar: Das sind weise Könige aus fernen Ländern, und sie suchen den Friedenskönig.

Vorsichtig klopft Miriam an die Tür des Stalles und kündigt den Besuch der Drei an.

Leise treten sie ein und knien sich vor das Kind in der Krippe. Miriam sieht, dass sie Geschenke für das Kind mitgebracht haben. Sie öffnen eine Schmuckschatulle. Gold, Weihrauch und Myrrhe sind darin. Und das Leuchten in ihren Gesichtern kann Miriam auch ohne Worte verstehen. Die Drei sind am Ziel ihrer Suche. Dieses Kind mit dem Namen Jesus ist der neugeborene König.

Der Stern hat sie bis hier geführt, und nun sind sie am Ziel ihrer Suche.

Bild 8 zeigen:

Ein paar Tage später ist es wieder ruhig in Bethlehem. Alle Gäste sind abgereist, auch Maria und Josef haben sich auf den Weg gemacht. Wie es ihnen wohl ergehen mag?

Miriam sitzt vor dem Haus und denkt an sie. In ihrer Hand hält sie eine Decke mit dem Wappen der vornehmen Herren. Sie haben es ihr als Andenken geschenkt.

Und während sie noch an den kleinen Jesus denkt, malt sie noch einmal den Königsstern in den Sand.

Plötzlich springt sie auf, denn es fällt ihr wie Schuppen von den Augen: Die drei Kronen, von denen sie geträumt hat und die sie auf dem Wappen der vornehmen Herren wieder gefunden hat, sie bilden zusammen den Königsstern!

Sofort läuft sie hinaus zu ihren Eltern. Das muss sie erzählen, denn nun ist sie sich ganz sicher: In ihrem Stall ist er geboren, der Friedenskönig, auf den die Menschen so lange hoffen!

Tanz zum Lied: „Lied vom Königsstern“

(Lied siehe S. 80)

	Im Kreis:
Der Himmel uns ein Zeichen gibt:	*Jede/r bildet mit den Händen über dem Kopf ein Dach (entspricht dem Dreieck mit*
ein König kommt zur Erde.	*der Spitze nach oben) und „zeichnet“ die drei Seiten mit den Händen nach.*
Die Krippe wird sein Königsthron,	*Nun zeigt jede/r eine Krippe (entspricht dem Dreieck mit der Spitze nach unten) indem er/sie die beiden Seiten mit den Händen von unten nach oben „zeichnet“*
dass endlich Frieden werde.	*und das Dreieck oben schließt.*
Der Gottessohn kommt in die Welt,	*Die Hände werden von oben langsam vor der Brust gekreuzt,*
erfüllt ist nun die Zeit;	*und eine Hand „zeichnet“ einen Kreis.*
denn Jesus ist der Königsstern in unsrer Dunkelheit.	*Alle heben die Hände mit den Handflächen nach außen, legen sie gegen die Hände der Nachbarn oder Nachbarinnen. So bilden sie gemeinsam den Königsstern.*

Das Geheimnis der drei Kronen
Weihnachtsspiel

Die Geschichte vom „Geheimnis der drei Kronen“ lässt sich mit einfachen Requisiten auch als Weihnachtsspiel für die Gemeinde und die Schule vorbereiten. Die folgenden Texte bieten ein Grundgerüst und lassen Raum für weitere Ausgestaltung und den Einsatz weiterer Mitspieler. Je nach Alter und Spielfreude können dann auch einzelne Szenen pantomimisch umgesetzt werden, während dazu die jeweiligen Passagen aus der Geschichte gelesen werden.

Personen:

Miriam
(Hier können die Rollen durchaus auf zwei Kinder aufgeteilt werden!)
Miriams Mutter
die drei vornehmen Herren
Maria und Josef
Ragma
Menschen in Bethlehem und Reisende im Zelt der Karawanserei
und mehrere Statisten
(evtl. gleichzeitig Chor bei den Liedern)

Spielorte:

1., 4. und 5. Szene: Haus mit Stall
dazu ein Vorhang, der geöffnet werden kann –
davor Platz zum Spielen

2. und 3. Szene: in der Karawanserei
Bühne ist zweigeteilt:
halboffenes Versammlungszelt auf der einen Seite,
auf der anderen Seite Brunnen mit Pferch für die Tiere,
darauf eine weiße Wand zum Zeichnen

Durch eine gezielte Ausleuchtung kann jeweils diejenige Seite der Bühne in den Vordergrund gerückt werden, auf der gerade der Schwerpunkt der Handlung liegt.

1. Szene

(siehe Lukas 2,1-7)

Erzählerin: „Es begab sich aber zu der Zeit, dass ein Gebot von dem Kaiser Augustus ausging, dass alle Welt geschätzt würde. Und diese Schätzung war die allererste und geschah zur Zeit, da Quirinius Statthalter in Syrien war. Und jedermann ging, dass er sich schätzen ließe, ein jeder in seine Stadt. Da machte sich auf auch Josef aus Galiläa, aus der Stadt Nazareth, in das jüdische Land zur Stadt Davids, die da heißt Bethlehem, weil er aus dem Hause und Geschlechte Davids war, damit er sich schätzen ließe mit Maria, seinem vertrauten Weibe; die war schwanger. Und als sie dort waren, kam die Zeit, dass sie gebären sollte. Und sie gebar ihren ersten Sohn und wickelte ihn in Windeln und legte ihn in eine Krippe; denn sie hatten sonst keinen Raum in der Herberge."
So hat Lukas es uns aufgeschrieben.
Bei Matthäus fängt es ähnlich an: Als Jesus geboren war in Bethlehem in Judäa zur Zeit des Königs Herodes …

Und wir stellen uns einmal vor, wie es gewesen sein könnte, damals in Bethlehem.

Miriam: *(tritt auf)*
Ach da seid ihr ja schon!
Ihr habt es schon gehört, das hier ist Bethlehem. Und hier wohne ich mit meiner Familie, und in unserem Stall im Haus, da leben unsere Tiere.
Aber was soll ich sagen? Seit einigen Tagen ist es mit der Ruhe bei uns in Bethlehem vorbei. So viele Menschen sind gekommen, an jedem Tag stehen sie in langen Schlangen vor dem Haus der römischen Soldaten. Sie sind nicht freiwillig gekommen, Augustus, der Kaiser in Rom hat es befohlen. Mein Vater hat es mir erklärt: alle Männer aus unserem Land müssen sich mit ihren Familien in Steuerlisten eintragen lassen, und zwar dort, wo sie geboren sind.

In allen Häusern sind Gäste, sogar in unserem Stall haben wir ein junges Paar untergebracht.
Natürlich habe ich sie schon kennen gelernt: Es sind Maria und Josef aus Nazareth, der Mann stammt aus der Familie des Königs David, also aus meiner Stadt!

Vom König David hat mir meine Großmutter erzählt. Aber noch viel mehr! Wenn einmal der Messias, der Friedenskönig geboren wird, dann wird das auch bei uns in Bethlehem sein. Viele Menschen in unserem Land warten schon so lange!

Mutter: *(kommt dazu)*
Dann wird endlich Frieden sein, ohne den grausamen König Herodes, und ohne römische Soldaten, die ihn schützen, und auch ohne die harten Steuern, die wir hier alle an den Kaiser zahlen müssen.
(wendet sich zu Miriam)
Miriam, ich geh hinaus in die Karanwanserei, neue Gäste sind gekommen, sie wollen bewirtet werden. Kommst du mit, um mir zu helfen?

Miriam: Ja, gleich,
(und dann zum Publikum)
aber erst muss ich euch noch etwas zeigen!
(Sie öffnet vorsichtig den Vorhang zum Stall und gibt den Blick frei auf Maria und Josef, dazu eine Krippe.)

Wir müssen ganz leise sein. Ein Baby ist geboren, in unserem Stall. Und nun liegt es in der Futterkrippe wie in einer Wiege.
Und wisst ihr, was Maria mir von dem Kind erzählt hat? Ein Engel war zu ihr gekommen und hatte gesagt: Das Kind, das du erwartest, wird ein ganz besonderes Kind sein. Es soll Jesus heißen, d. h. **Gott hilft**. Jesus, ich finde, das ist ein schöner Name!

Und, fast hätte ich es vergessen, ich hatte auch einen Traum in der Nacht: Ich habe von drei Kronen geträumt, die einen Stern suchen. Könnt ihr euch vorstellen, was das bedeuten kann?
Bis später, ich muss hinaus zur Karawanserei, vielleicht sehen wir uns!

Lied vom Friedenslicht aus Bethlehem, S. 32

2. Szene

Umbau während des Liedes.
Die Bühne ist zweigeteilt: halboffenes Versammlungszelt auf der einen Seite, auf der anderen Seite Brunnen mit Pferch für die Tiere, darauf eine weiße Wand zum Zeichnen.

Miriam: *(Sie geht auf die Seite des Zeltes, dort sitzen die drei fremden Herren, dazu weitere Menschen auf dem Boden, auf einem flachen Tisch oder einer Decke stehen Obst, Gläser und eine Kanne Tee.)*
Hier arbeiten meine Eltern. Und am Abend, wenn sich im großen Zelt alle versammeln, dann sorgen sie für das Essen.
Bei uns machen die Karawanen der Händler Rast auf ihren langen Wegen von Stadt zu Stadt. Und heute sind viele neue Gäste gekommen.
Schaut, die drei vornehmen fremden Herren. Sie kommen von weit her. Und sie haben ein großes Gefolge und viel Gepäck bei sich.

Mutter: *(kommt dazu und spricht hinter vorgehaltener Hand)*
Das könnten Könige sein, unterwegs in geheimer Mission!

Miriam: Das klingt ja sehr geheimnisvoll!

Erzählerin: Nun sitzen sie beim Essen und trinken dazu Tee aus frischen Pfefferminzblättern. Die anderen Reisenden schauen sie mit erwartungsvollen Augen an.
Schließlich ergreift einer von ihnen das Wort.

1. Fremder: Ihr werdet euch vielleicht wundern, wenn ich euch erzähle, warum uns der Weg in diese Gegend geführt hat. Ich sehe, dass einige von euch Handel treiben. Andere sind mit ihren Herden unterwegs. Doch wir sind mit einem Gefolge aufgebrochen, ohne unser Ziel zu kennen.

Miriam: Ist das nicht spannend? Aber ich muss jetzt Wasser holen für meine Mutter in der Küche.
(Sie geht auf die andere Seite der Bühne.)

2. Fremder: Wir haben einen Stern entdeckt, den wir noch nicht kannten. Es war ein neuer Stern, den wir an klaren Abenden vom Dach unserer Häuser beobachten konnten. Sein Strahlen ließ uns nicht zur Ruhe kommen, und so forschten wir in den Schriften anderer sternkundiger

Menschen. Dann reifte der Entschluss aufzubrechen und dem Stern zu folgen.

3. Fremder: Wir fragten in allen Städten nach. Und endlich, in einer alten Bibliothek entdeckten wir in einer alten Schriftrolle einen Hinweis: 'Ein neuer König wird kommen, anders als alle vorherigen. Er wird der Welt Frieden und Gerechtigkeit bringen.' Und da wussten wir, dieser Stern könnte das Zeichen sein, dass er bald kommt.

Miriam: *(Sie schöpft Wasser, da tritt ein Junge mit Namen Ragma, aus dem Gefolge der Fremden auf.*
Auch er schöpft Wasser, das er den Kamelen in die Tränke schüttet.)

Miriam: Sei gegrüßt, wie heißt du?

Ragma: *(zuckt mit den Schultern)*

Miriam: Entschuldige, ich glaube, du kannst mich nicht verstehen!
(Sie zeigt auf sich und sagt)
Ich heiße Miriam!

Ragma: *(hebt die Hand, dann zeigt er auf sich und sagt)*
Ragma!

Miriam: *(zeigt zuerst auf sich, und dann auf Ragma und sagt)*
Miriam – Ragma!

Den nun folgenden Erzähltext begleiten Ragma und Miriam pantomimisch. Bei der Gestaltung sollte auf langsame Bewegungen geachtet werden, damit alle Zuschauenden die einzelnen Schritte der Zeichnungen nachvollziehen können.

Erzählerin: Sie haben sich verstanden! Ragma merkt wohl, dass Miriam gern wissen möchte, woher die vornehmen Herren kommen.
Er zeigt ihr den Sternenhimmel, an dem ein Stern ganz hell über der Stadt Bethlehem leuchtet.
Und dann geht er zu einem der Kamele und zeigt ihr die kostbare Decke an der Seite: Darauf ist ein großer Stern zu sehen, und unten sind drei Kronen abgebildet.

Da hat Ragma eine gute Idee: Er nimmt einen roten Stein und malt eine Krone an die weiß getünchte Wand des Pferches, in dem die Kamele stehen.

Das kann Miriam verstehen. Sie zeigt auf ihren Kopf und geht hocherhoben Hauptes einige Schritte.

Miriam: Ob das Könige sind? Oder ob sie auf dem Weg zu einem König sind?

Erzählerin: Sie schauen sich an und Ragma wischt die beiden Zacken auf der Seite weg, da bleibt ein großes Dreieck. Und er malt ein neues Dreieck, über das andere, dann zeigt er wieder auf den Stern, der da über Bethlehem steht.

Miriam: *(schaut Ragma an)*
Was soll das bedeuten, erst eine Krone, und nun ein Stern?

Erzählerin: Ragma tippt Miriam an, und macht eine wiegende Bewegung, als hätte er ein Baby auf dem Arm.
Und nun ist Miriam hellwach.
Sie zeichnet zu dem einen Dreieck des Sternes zwei Striche dazu.
Das sieht aus wie eine Wiege, oder auch wie eine Futterkrippe.

Miriam: *(zum Publikum)*
Was das nur bedeutet? Seht her, das Tuch am Sattel des Kamels, da sind ja drei Kronen zu sehen!
Ich habe euch doch schon berichtet von der Nacht, als das Kind in unserem Stall geboren wurde. Das Kind mit dem wundersamen Namen Jesus – **Gott hilft.**
Und dann der Traum: drei Kronen, die auf der Suche nach einem Stern waren.
Was hat Oma erzählt? In Bethlehem wird der Friedenskönig geboren, und sein Stern wird die ganze Welt hell machen.

Erzählerin: Miriam schaut Ragma an, und jetzt wischt sie die beiden Striche wieder weg und malt einen Kreis in den Stern.
Ragma lacht, und dann zeigt er Miriam den Stern, der in der Mitte der Kameldecke aufgestickt ist.

Miriam: Der sieht ja genau so aus!

Lied vom Königsstern, S. 80
(mit Bewegungen (S. 66), zu denen weitere Kinder auf die Bühne kommen können.)

3. Szene

(Schwenk auf die linke Seite mit dem Zelt.)

Erzählerin: Ragma und Miriam gehen vorsichtig zum Eingang des Zeltes, in dem die Herren von Ragma sitzen und essen. Einer der Herren winkt ihn zu sich. Er fragt ihn nach den Kamelen und lädt ihn ein, auch etwas zu essen.
Ragma setzt sich neben ihn und zeigt auf Miriam. Dann erzählt er in seiner Sprache, was er mit Miriam zusammen herausgefunden hat. Und dabei zeichnet er alles noch einmal in den Sand, den er vor sich glatt gestrichen hat.

Miriam steht vor dem Zelt. Sie kann ihn nun verstehen, denn sie sieht die Zeichen, und weiß, was Ragma meint, wenn er die Krone, den Stern und das kleine Kind zeigt.
Da geht ein Leuchten durch das Gesicht des vornehmen Herrn.
Er schaut Miriam an, winkt sie zu sich, und er spricht ein wenig in ihrer Sprache.

1. Fremder: Wie ist dein Name?

Miriam: Miriam!

1. Fremder: Miriam, du hast uns sehr geholfen, aber vielleicht weißt du ja noch mehr!
Wir suchen nämlich nach einem neugeborenen König.
Der Stern, der über eurer Stadt steht, hat uns von weit her geführt.

Miriam: Von einem solchen Stern hat mir meine Großmutter erzählt. Sie hofft ganz fest darauf: Eines Tages wird Gott uns den Friedenskönig schicken, er wird Frieden bringen für die Reichen und Vornehmen, Frieden aber auch für uns, die kleinen Leute.

(Aus dem Hintergrund kommt Miriams Mutter dazu.)

Mutter:	Ich frage mich, wenn ihr doch einen König sucht, warum seid ihr nicht nach Jerusalem gegangen?
2. Fremder:	Jerusalem! Da waren wir schon, aber dort haben wir ihn nicht gefunden. Da haben wir nur Herodes, euren König getroffen, aber der wollte uns schnell loswerden.
3. Fremder:	Aber seine Schriftgelehrten haben uns einen Hinweis gegeben: Der Friedenskönig, auf den ihr wartet, der soll in Bethlehem geboren werden. Und jetzt steht der Stern über eurer kleinen Stadt. Aber wo ist er nun der neugeborene König?
Miriam:	Ich weiß auch nicht, aber ich glaube langsam, das hat mit dem Kind in unserer Krippe zu tun. Jesus heißt dieses Kind, das heißt in unserer Sprache: **Gott hilft!** Und ihr sucht wirklich nach dem Friedenskönig?
1. Fremder:	Dann lasst uns aufbrechen, Miriam wird uns zu dem Kind führen! Schaut nur, unser Stern, er steht genau über eurer Stadt!
	Lied vom Friedenslicht aus Bethlehem (S. 32)
	(dabei Umbau der Bühne, wie erste Szene)

4. Szene

Erzählerin:	*(erzählt, begleitet von den entsprechenden Aktionen der vier handelnden Personen)* Noch in der gleichen Nacht haben sich die drei vornehmen Herren aufgemacht und sind mit Miriam nach Bethlehem gegangen. Vorsichtig klopft Miriam an die Tür des Stalles, und kündigt den Besuch der drei vornehmen Herren an. Leise treten sie ein und knien sich vor das Kind in der Krippe.
Miriam:	*(zum Publikum)* Wie vor einem großen König knien sie da! Und seht nur, sie haben Geschenke für das Kind mitgebracht. Das ist ja eine richtige Schatzkiste. *(Sie geht einmal hin, schaut hinein und kommt zurück.)* Gold, Weihrauch und Myrrhe haben sie für das Kind mitgebracht.

Erzählerin: Jeder kann es spüren:
Der Stern hat sie bis hierhin geführt, und nun sind sie am Ziel ihrer Suche. Dieses Kind mit dem Namen Jesus ist der neugeborene König.

(Alle, bis auf Miriam gehen ab.
Der Vorhang zum Stall wird geschlossen.)

Lied: In der allerlängsten Nacht (S. 58)

5. Szene

(Miriam sitzt vor dem Haus.)

Erzählerin: Ein paar Tage später ist es wieder ruhig in Bethlehem. Alle sind wieder abgereist, auch Maria und Josef haben sich mit ihrem Kind auf den Weg gemacht.
Miriam sitzt vor dem Haus und denkt an sie. In ihrer Hand hält sie eine Decke mit dem Wappen der vornehmen Herren. Sie haben sie ihr als Andenken geschenkt.

Miriam: *(zum Publikum)*
Wie es ihnen wohl ergehen mag?
(nach einer kleinen Pause)
Gut, dass ich ein Andenken habe.
(Sie zeigt die Decke mit dem Wappen.
Dann springt sie auf.)

Jetzt begreife ich es endlich!
Seht her, die drei Kronen, von denen ich geträumt habe!
Wenn ich sie zusammenlege, dann bilden sie den Stern! Es ist der Königsstern!

Jetzt bin ich mir ganz sicher, in unserem Stall ist er geboren, der Friedenskönig, auf den die Menschen so lange hoffen!

(Miriam läuft mit der Decke aus der Szene.)

Lied: Ein Stern geht auf am Himmelszelt (S. 57)

Ein Vorschlag für einen Gottesdienst zu Weihnachten

Musik zur Einstimmung

Begrüßung – Eingangswort

Lesung zum Eingang
im Wechsel mit dem Lied: Advent, Advent, ein König kommt (S. 20)

Vers 1 des Liedes
(Musik kann instrumental zum folgenden Text weiter gespielt werden.)

„Siehe, dein König kommt zu dir, ein Gerechter und ein Helfer!“ *(Sacharja 9,9)*

Wir warten auf den Friedenskönig, Gott hat ihn uns versprochen.
Wir warten auf einen König – ganz anders als so mancher denkt.
Ihr werdet staunen!
Ein König für die kleinen Leute – damals und auch heute.
Wir sind gespannt und hoffen,
dass dieser König auch Augen und Ohren für die kleinen Leute hat.

Vers 2 des Liedes
(Musik kann instrumental zum folgenden Text weiter gespielt werden.)

„Uns ist ein Kind geboren, ein Sohn ist uns gegeben, und die Herrschaft ruht auf seiner Schulter.“ *(Jesaja 9,5)*

In diesen Tagen hoffen wir, dass das Friedenslicht stärker ist, als die Finsternis.
Doch für viele Menschen auf der Welt ist es dunkel – sie leiden an den Folgen von Krieg und Gewalt.
Gott selber will uns ein Zeichen geben.
Mitten im Winter blüht der alte Baumstumpf,
die Friedensblüte ist Gottes Zeichen:
Frieden soll sein, in unseren Häusern und auf der ganzen Erde.
Wir sind gespannt und hoffen,
dass die Liebe stärker ist als die Gewalt.
Endlich soll Frieden sein!

Vers 3 des Liedes
(Musik kann instrumental zum folgenden Text weiter gespielt werden.)

„Du kleines Bethlehem, aus dir kommt der Friedenskönig,
auf den die Menschen warten!“ *(Micha 5,1)*

Noch leiden viele Menschen auf der Welt Hunger.
Sie hoffen auf das Kind, das in der Futterkrippe liegt in Bethlehem –
eine kleine Stadt mit ihren Feldern hat Brot genug für ein ganzes Land.
Und das Kind in der Krippe wird zum Brot für die Welt,
erfüllt soll sein die Hoffnung auf den, der allen Menschen Brot gibt.
Und die Menschen in der Welt hoffen auf uns,
dass wir teilen, was wir haben.

Lesung des Weihnachtsevangeliums nach Lukas
(in Abschnitten)

1. Lukas 2,1-7
Lied: Kennt ihr den Ort, Vers 1 (S. 78)

2. Lukas 2,8-14
Lied: Kennt ihr den Ort, Vers 2

3. Lukas 2,15-20
Lied: Kennt ihr den Ort, Vers 3

Anspiel: Das Geheimnis der drei Kronen

Lieder zwischen den einzelnen Szenen:

Lied vom Friedenslicht aus Bethlehem (S. 32)
Lied vom Königsstern (S. 80)
In der allerlängsten Nacht (S. 58)
Ein Stern geht auf am Himmelszelt (S. 57)

Fürbitten – Vater Unser – Segen

Lied: Nun stehe ich noch immer hier (S. 88)

Musik zum Ausgang

CD 09

Kennt ihr den Ort

Text: Ulrich Walter – Musik: Matthias Nagel

E (flüstern) C D E
1. all. Ist ganz weit und doch so nah!
2. wahr. Ist lang her und doch so nah!
3. gisst. Je - sus Christ, Ret - ter der Welt!

CD 10

Lied vom Königsstern

Text: Ulrich Walter – Musik: Reinhard Horn

Mitten unter uns will Gott wohnen

Gott, wo du wohnst, steht das Tor zum Leben offen.

Gott, wo du einkehrst, ist Friede da!

Auf dein Versprechen wollen wir hoffen,

in Jesus Christus bist du uns ganz nah!

Weihnachten klingt nach
oder: Die Geschichte vom Friedenskönig geht weiter

Vorbereitung: Großes dunkelrotes Tuch in die Mitte legen.
Material: Elemente des Friedenskreuzes und Farbkreise

Liedvorschlag: ***Kennt ihr den Ort*** *(S. 78)*

In jener Nacht, als der Himmel über Bethlehem noch dunkel war, ging weit im Osten ein Stern auf, Zeichen der Geburt eines großen Königs.

Den Stern aus dem Friedenskreuz in eine Ecke des Tuches legen.

Denn in dieser Nacht war die Zeit erfüllt.

Eine Kerze unten auf das Tuch stellen.

Gott sandte seinen Sohn auf die Erde. Maria gebar ihr erstes Kind, wickelte es in Windeln und legte es in eine Krippe, denn sie hatten keinen Raum in der Herberge.

Dunkelblauer Kreis in die Mitte legen. Darin wird eine Krippe angedeutet.

Und auf den Feldern vor Bethlehem hörten die Hirten die frohe Botschaft: Heute ist der Retter der Welt geboren, Jesus, der Sohn der Maria, er ist der lang ersehnte König des Friedens.
Und der ganze Himmel war voll vom Licht und Klang der himmlischen Heerscharen, denn der Friede des Himmels war auf die Erde gekommen.

Lied: ***Alle Menschen groß und klein,*** *Verse 1-2 (S. 44)*

Da kamen von fern weise Könige; sie hatten seinen Stern gesehen und zogen nach Jerusalem. Aber dort fanden sie nicht, wonach sie suchten.

Die drei Kronen auf die übrigen Ecken legen.

Und als sie Jerusalem den Rücken kehrten, da sahen sie den Stern, dem sie so lange gefolgt waren. Sein Licht strahlte über der Stadt Bethlehem.
Voller Freude folgten sie seinem Licht und dort fanden sie Jesus, das Kind der Maria. Sie verneigten sich tief vor dem Kind und taten ihre Schätze auf.

Kronen zur Mitte rücken und aus den drei Kronen einen Stern um die dunkelblaue Jesusscheibe legen.

Sie waren am Ziel ihrer Suche.
Der neugeborene König, der Friedenskönig, endlich hatten sie ihn gefunden.
Und sie kehrten zurück in ihre Länder und erzählten die frohe Kunde weiter.

Liedvorschlag: ***Lied vom Königsstern*** *(S. 80)*

Während des Liedes die Farbkreise an die Ränder des Tuches legen, dazu den Stern des Friedenskreuzes auf die violette Scheibe, die Krone auf die dunkelblaue Scheibe legen.

Aktion

Was ich von Weihnachten mitnehme

Ein Perlenband knüpfen

Aus einer Auswahl von farbigen Bändern suchen sich die Kinder je vier Farben aus und knüpfen ein Band, bei der Herstellung helfen sie sich gegenseitig. Jedes Kind knüpft eine Holzperle hinein und gibt ihr eine Bedeutung: „Das gefällt mir an Weihnachten besonders gut!“
Mit diesem Band erzählen die Kinder, was ihre besondere „Perle der Erinnerung“ an Weihnachten war; dann legen sie ihr Perlenband an einen Farbkreis ihrer Wahl.

Als Abschluss / Überleitung wird das ***„Lied vom Königsstern“*** *(S. 80) noch einmal gesungen.*

Und doch, es war erst der Beginn der Geschichte des Friedenskönigs.

Die Elemente des Friedenskreuzes werden bei ihrer Nennung auf die entsprechenden Farbkreise gelegt.

Das Kind in der Krippe wächst heran.
Jesus aus Nazareth lernt den Glauben seines Volkes kennen und lieben.
Und sein Weg zu den Menschen begann am Jordan bei Johannes, dem Täufer.
Er ging zu ihm ins Wasser und ließ sich taufen, als Zeichen des Anbruchs einer neuen Zeit.

WELLEN
Als Jesus aus dem Wasser stieg, öffnete sich der Himmel.
Und der Geist Gottes kam wie eine Taube herab und die Menschen hörten Gottes Stimme: „Das ist mein lieber Sohn, der Friedenskönig, den ich zu den Menschen sende, auf den sollt ihr hören!"

TAUBE
So begann Jesus, Gottes Friedenskönig, seinen Weg. Er brachte ihnen die frohe Botschaft: Gott hat euch lieb gewonnen, alle sollen zu ihm gehören! Jesus ging in ihre Häuser.

HAUS
Und wo er einkehrte, da geschah Wunderbares: Er schenkte neues Leben. Er richtete die Menschen auf, die keine Kraft mehr hatten. Er heilte die Gemeinschaft der Menschen.
Er setzte sich zu ihnen an den Tisch. Mit allen teilte er das Brot, ohne Unterschied.

BROT

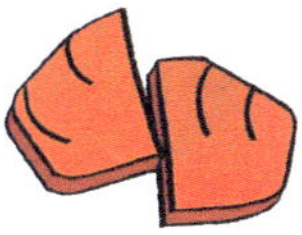

Aber es gab auch viele, denen ging das zu weit. Sollte Gottes Liebe so grenzenlos sein?
Zum großen Fest der Befreiung aus Ägypten kam Jesus nach Jerusalem. Dort wollte er das Passahmahl feiern.

KRUG

Als Jesus dann in Jerusalem einzog, da begrüßten ihn die kleinen Leute und die Kinder wie einen König.

KRONE

Viele Menschen standen an der Straße. Sie hofften auf den Frieden Gottes, den er allein bringen konnte.
Und sie sangen ihre alten Hoffnungslieder vom Friedenskönig:
„Gott sei Dank, nun kommt er endlich, der Sohn Davids, Gott selbst hat ihn ausgesucht! Jesus ist unser Friedenskönig!“

Aber da waren auch andere, die hatten Angst um ihre Macht und die alte Ordnung. Und sie beschlossen: Jesus muss sterben.
Jesus feierte an diesem Abend das Passahfest.

In die Mitte zwei dunkelblaue Tücher in Sternform legen.
Brot und Krug auf den unteren Teil des Tuches legen.

Mit allen Menschen seines Volkes erinnerte er sich daran, dass Gott sein Volk einst aus der Sklaverei in Ägypten befreit hatte. Und so teilte er mit seinen Freunden das Brot und den Kelch.
Aber was er seinen Freunden sagte, das verstanden sie nicht: „Ich werde sterben, damit ihr das Leben habt. Gott, mein Vater, wird mit mir sein und mich aus dem Tod auferwecken: Und ich werde alle Tage bei euch sein."

Der Stern wird als Ausgangspunkt des Kreuzes mitten in die obere Hälfte des Tuches gelegt.

Nach dem Essen gingen sie gemeinsam in den Garten. Jesus betete. Dann kam die Wache des Tempels und nahm Jesus gefangen. Jesus wurde von den Hohepriestern verhört und von Pilatus zum Tode verurteilt. Die Soldaten bekamen von Pilatus den Befehl, ihn auf Golgotha ans Kreuz zu schlagen. Sie verspotteten ihn und setzten ihm, der doch der Friedenskönig war, eine Dornenkrone auf.

Die Krone wird an den Stern gelegt.

Und so geschah es, dass Jesus am Kreuz auf Golgotha starb.

Das Kreuz wird mit den anderen Zeichen vervollständigt.

Sie begruben Jesus am Abend in einer Grabhöhle und legten einen großen Stein davor. Als aber der dritte Tag anbrach, da kamen drei Frauen an das Grab, und siehe, der Stein war weggerollt. Und ein Engel sprach zu den Frauen: „Fürchtet euch nicht, Jesus lebt, Gott hat sein Versprechen gehalten. Der Friedenskönig Jesus Christus wird bei euch sein alle Tage. Er ist stärker als der Tod."
Da gingen den Frauen, und allen, die mit Jesus gegangen waren, die Augen auf.
Der Friedenskönig, der in Bethlehem geboren wurde, er ist stärker als der Tod.
Und so erzählen wir bis heute diese Geschichte. Am Anfang steht die Krippe, am Ende das Kreuz, und es wird zum Zeichen seines Sieges über alle Mächte, auch über den Tod.
Der Friedenskönig geht mit uns, von Anfang an bis heute, und für alle Zeit.

Lied: ***Nun stehe ich noch immer hier*** *(S. 88)*

Zum guten Schluss

Beinahe hätte es geklappt in diesem Jahr!
Der Antrag war in bester preußischer Beamtenmanier
dreifach ausgefertigt termingerecht eingegangen:
Man möge das Fest in diesem Jahr ausfallen lassen,
zu kurz sei die Vorbereitungszeit, und überhaupt zum Jahresschluss
die vielen zusätzlichen Belastungen mit Bilanzen und Inventur.

Und als es im himmlischen Rat zur Abstimmung kam,
war der Ausgang lange ungewiss.
Erst als Gott selbst seine Chef-Stimme in die Waagschale legte,
senkte sie sich auf die Seite für den Erhalt des Weihnachtsfestes.
Beinahe, aber nur beinahe, hätte es geklappt in diesem Jahr!

Dabei gab es auch im himmlischen Rat nach heftiger Diskussion viele Befürworter
für eine zumindest zeitweilige Unterbrechung des alljährlichen Weihnachtsrituals.

Der Chef selbst musste den allzu hitzigen Paulus in die Schranken weisen,
der mit seinem Vorschlag eines andauernden Engelembargos
das Kind mit dem Bade auszuschütten drohte.

Und Maria rief Petrus mit einem Hahnenschrei zur Ordnung,
der – rhetorisch geschickt – die alljährlichen Jahresendeinkaufsorgien am heiligen Sonntag als Argument für eine endgültige Streichung ins Feld führte.

Aber wie gesagt, beinahe!
Bei allem Zorn über die scheinheiligen Argumente der Antragsstellung, man möge im Sinne verantwortlichen Umgangs mit der Schöpfung und angesichts des Klimawandels Weihnachten ausfallen lassen, um den verstärkten Feiertagsverkehr und die Stromverschwendung durch ausufernde Balkonbeleuchtung zu beenden, setzte sich zuletzt doch die Freundlichkeit Gottes durch.

Und in seinem Schlussplädoyer wurde wieder einmal deutlich,
wie sehr ihm die Menschenkinder ans Herz gewachsen sind:
Wenn ich meine Kinder nicht einmal im Jahr ausbremse, dann werden ihnen eines Tages die Seelen ausbrennen, dass der Feuerschein bis zum Himmel steigt.
Und was bringt sie mehr aus dem Takt,
als wenn ich ihnen selbst entgegentrete,
von Angesicht zu Angesicht,
im Kind in der Krippe.

Gott sei Dank, so wurde es auch in diesem Jahr Weihnachten!

CD 11

Nun stehe ich noch immer hier

Text: Ulrich Walter – Musik: J. S. Bach
Arrangement: Reinhard Horn und Matthias Nagel

Fmaj7 Esus Am Fmaj7
1. Ster - nen und mit Ker - zen, in - mit - ten al - ler
2. häng an dei - nen Lip - pen, im Ses - sel hört es
3. lan - ge schon ver - lo - ren, und doch, Gott, kommst du
4. seh - ne mich nach Le - ben, nach Him - mels - zelt und
5. will noch gar nicht ge - hen, in - mit - ten mei - nes
G Cmaj7 Am Dm9 Esus G/D
1. Reg - sam - keit frag ich mit ban - gem Her - zen: Wenn
2. sich be - quem vom Stall und von der Krip - pen. Doch
3. heut' zu mir, als klei - nes Kind ge - bo - ren. O
4. tie - fem Meer, nach Neh - men und nach Ge - ben. Ab -
5. Le - bens Wirr - warr möcht' das Kind ich se - hen. Wenn
C/G Fmaj7 F/G C Am Dm
1. du, mein Gott, von An - fang an mich suchst, wie stellst du
2. zor - nig steh ich manch - mal auf, zu lang - sam scheint der
3. könn - te da - rin Zu - kunft sein, ganz tief im Her - zen
4. grund - tief weit weg scheint die Zeit, ein Bild, so vol - ler
5. mir im Her - zen tief ist bang, weil un - ter mir der
F/G Cmaj7 D E/D Am/E E Am
1. das nur an? Wirst du mich hier noch fin - den?
2. Zei - ten Lauf zum Bess' - ren sich zu wen - den.
3. Kind zu sein, und doch er - wach - sen wer - den.
4. Zärt - lich - keit, das mich ganz hat er - grif - fen.
5. Bo - den schwankt, bleibst du doch mei - ne Hoff - nung.

Eine Bühne zum Geschichten erzählen!

Das Erzähltheater Kamishibai

In den Einsteck-Rahmen wird ein DIN-A3-Blatt mit einem Bild eingeschoben, so dass das Bild nach vorne zu den Kindern hinzeigt. Auf der Rückseite des letzten Blattes der Geschichte, die erzählt wird, wird der Erzähltext zum ersten Bild angebracht (usw).
Alle Bilddateien auf der CD sind im DIN-A4-Format.

Mit Griffmulde zum Tragen und Gummiband zum Befestigen der Klappen.

Maße: 56 cm breit / 40 cm hoch (geschlossen) – 109 cm breit (geöffnet)
Gewicht: 3,15 kg

Preis: 39,80 €

Alle auf diesen Seiten vorgestellten Zusatzmaterialien sind erhältlich im:

KONTAKTE Musikverlag
www.kontakte-musikverlag.de
info@kontakte-musikverlag.de

Verlag Junge Gemeinde
www.junge-gemeinde.de
vertrieb@junge-gemeinde.de

(genaue Anschriften siehe Impressum)

Weiteres Material zum Friedenskreuz

Mit dem Friedenskreuz durch das Kirchenjahr
Buch, 144 S., CD und Legekreuz aus Holzelementen

Preis / Buch: 17,80 €

Preis / CD: 13,50 €

Preis / Legekreuz: 25,00 €

Holzstern
Preis: 19,90 €

Tücherset 1
6 Baumwolltücher, 85 x 85 cm
Farben: gelb, rot, blau, violett, grün, schwarz
Preis: 19,90 €

Tücherset 2
6 Baumwolltücher, 85 x 85 cm
Farben: weiß, grau, marineblau, weinrot, ocker, braun
Preis: 19,90 €

Kopiervorlage Friedenskreuz

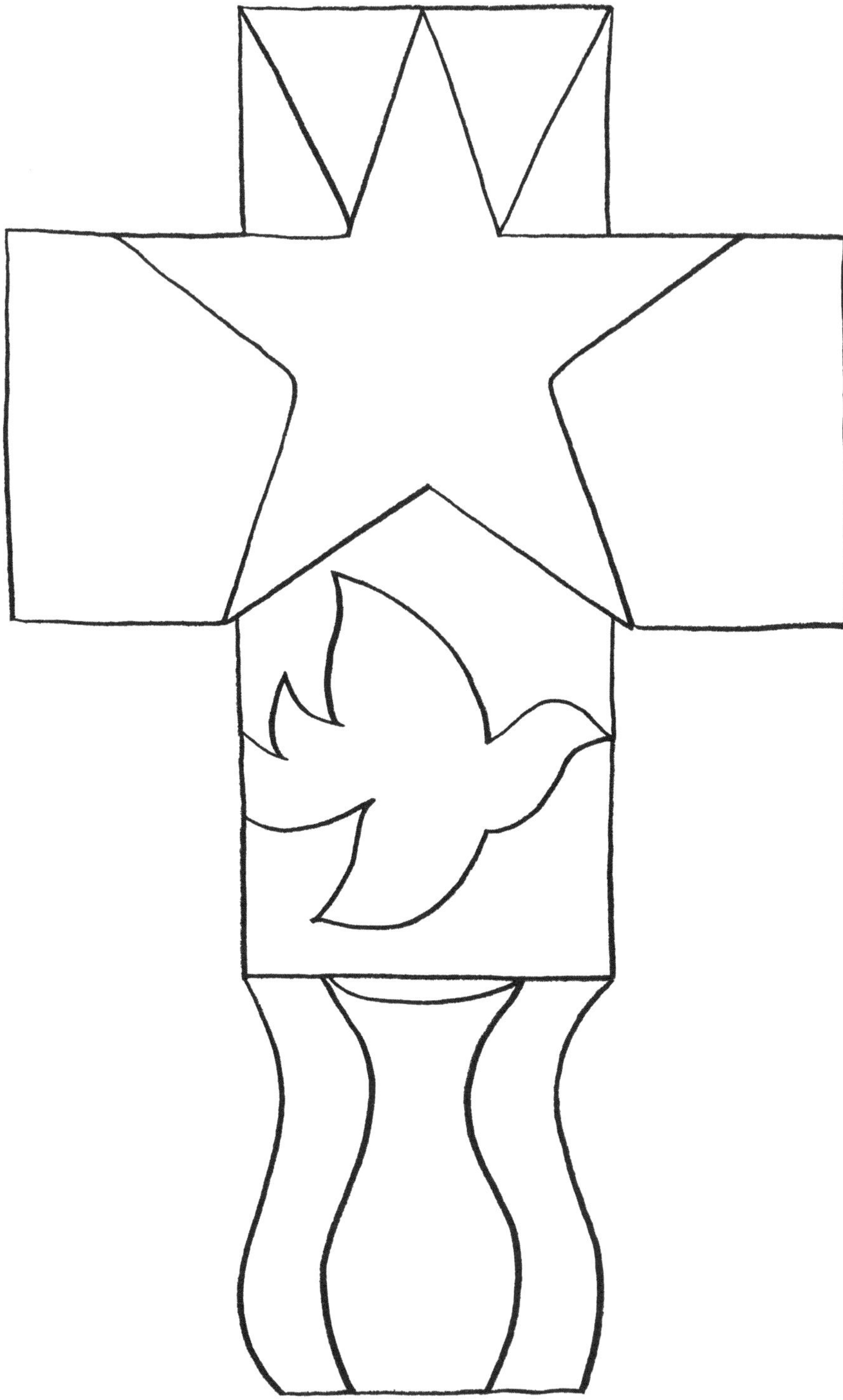

Schablone Holzbiegepuppe

Schnittmuster für Hirtenmantel und Filzhut (1:1)

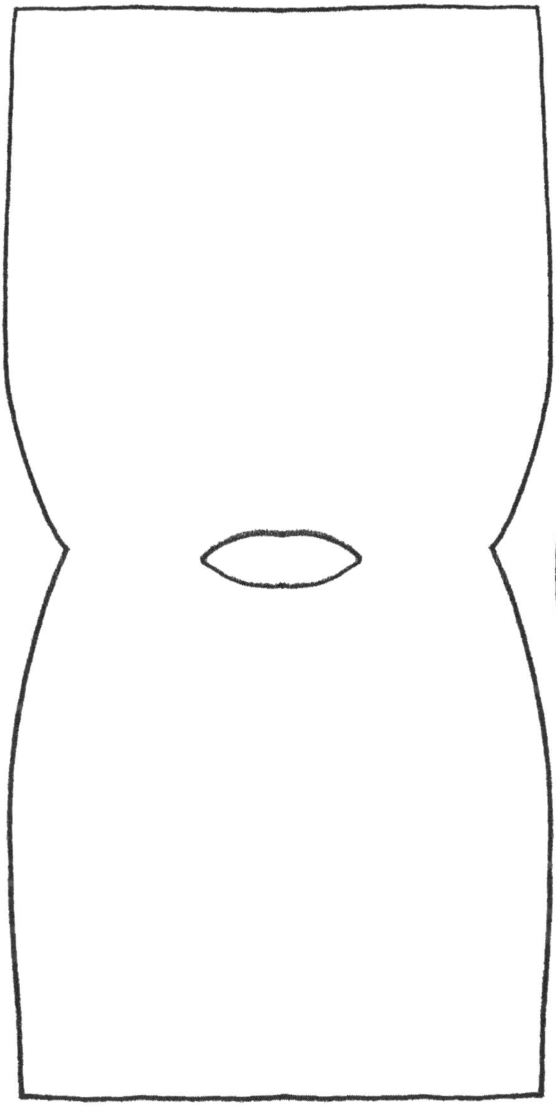

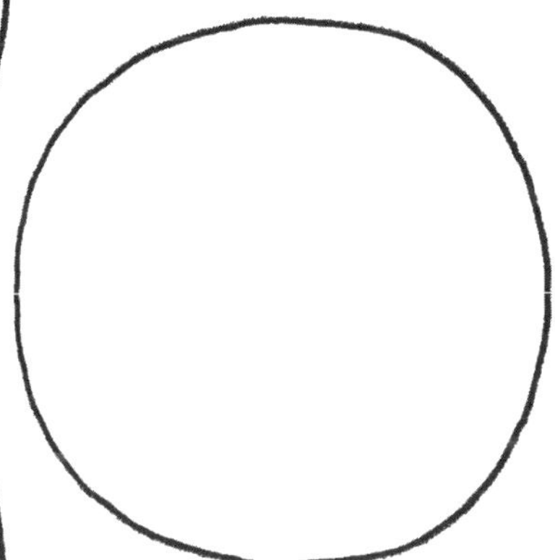

Kopiervorlage Falthaus

advent
schritte wagen
auf dem weg
ihm entgegen

Siehe Dein König kommt zu Dir,
ein Gerechter und ein Helfer.

advent
es für möglich
halten
gott kommt

Kopiervorlage Falthaus (mit Faltmarkierungshilfe)

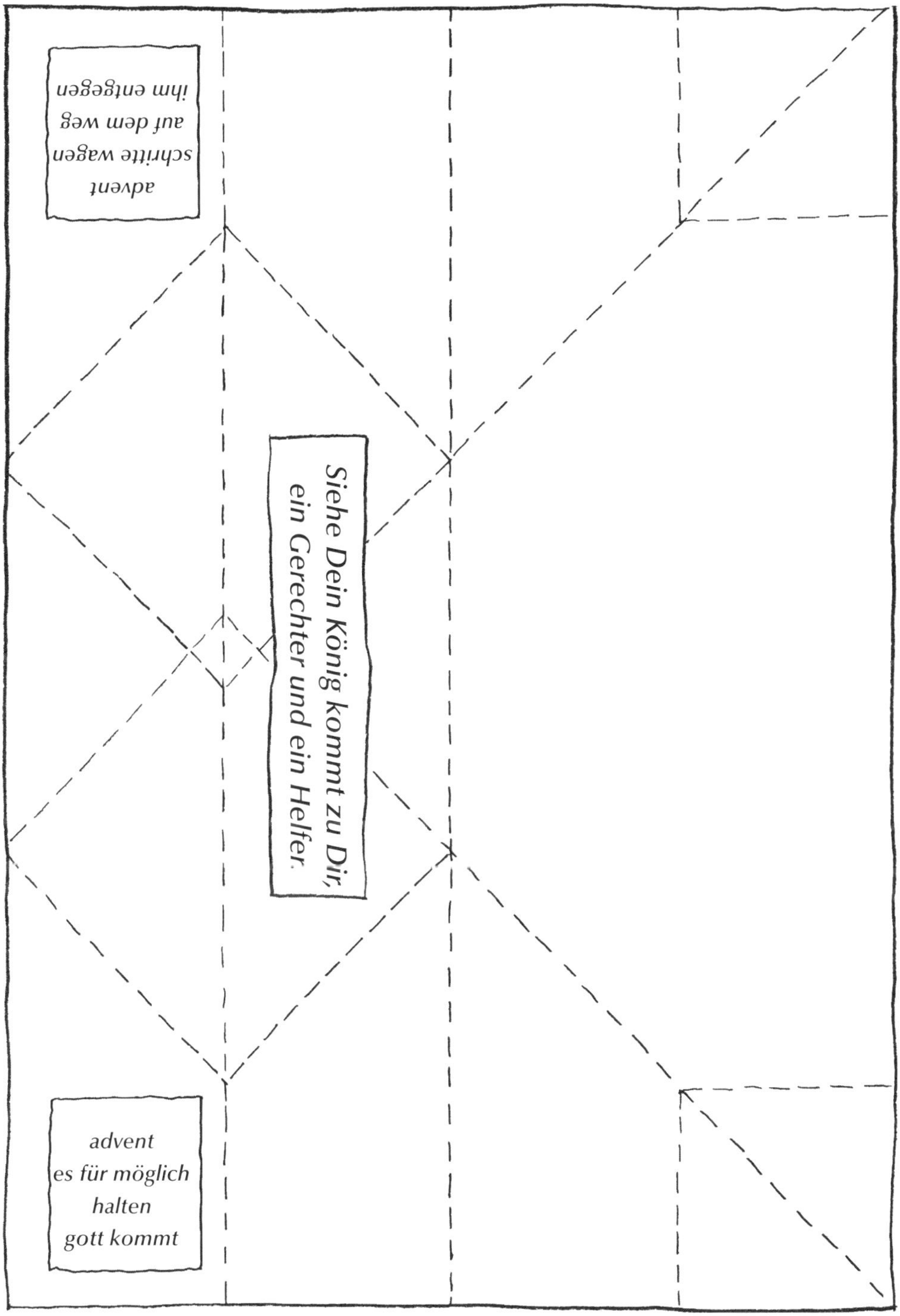

Zu den Autoren

Reinhard Horn,

1955 in Lippstadt geboren, ist Studiendirektor für Musik und Religion am Gymnasium. Als Komponist und Kinderliederkünstler veröffentlicht er zahlreiche Lieder und Musiken, die bereits mehrfach ausgezeichnet wurden; umfangreiche Konzert-, Seminar- und Fernsehtätigkeit.

Weitere Informationen und Kontakte unter:
www.kontakte-musikverlag.de

Ulrich Walter,

1956 in Gelsenkirchen geboren, ist verheiratet und hat drei Kinder. Als Theologe hat er von 1988 bis 2002 in der Kindergottesdienstarbeit der Evangelischen Kirchen gearbeitet. Seit Februar 2002 ist er als Dozent am Pädagogischen Institut der Ev. Kirche von Westfalen für die Fachbereiche Grundschule, Kindergarten und Gemeindepädagogik tätig.